第四類投資模式

行為技術分析，從人性與金融市場的互動與碰撞，洞察獲利勝機

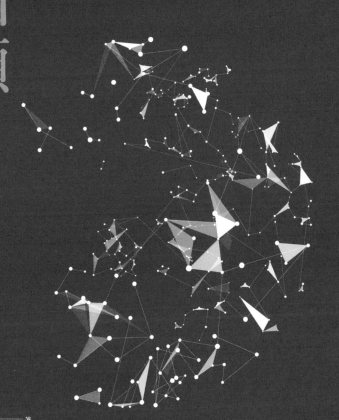

保羅・亞佐巴帝————著

陳重亨————譯

／目錄／

獲利的新模式：行為金融學＋技術分析

從「心」開始
理解市場運作原理

暢銷書《一個投機者的告白實戰書》、《高手的養成》、
《散戶的 50 道難題》作者　安納金

　　本書作者保羅・亞佐巴帝在證券業工作三十年，長年
管理私人帳戶進出全球證券市場，累積數十年實戰投資經
驗，透過此書，希望傳達給投資人一個重要的訊息：要讓
技術分析成為獲利的工具，就得掌握市場心理，而「行為
技術分析」是區隔於基本分析、技術分析與計量分析之外
的第四類分析模式。

　　市場上無論哪一種分析模式，終究都必須將市場價格
植入其中以進行評價（或者估值的衡量），然而，只要涉
及市場價格就擺脫不了人為的因素，也就是市場上人們的

心理狀態以及情緒的影響。市場上多數技術分析者普遍認為，技術線圖的起落轉折就是反映投資人情緒的最佳寫照，但是，技術分析領域可謂百家爭鳴，對於同樣價格漲跌的判斷可能有所不同、甚至可能彼此衝突，這使得許多剛進入市場不久的新手們對於技術分析感到莫衷一是。

我認為，多數散戶新手們初入市場時，接觸到幾位技術分析領域的高手，單憑所見其神乎其技的操盤或解盤技巧，於是心生嚮往、希望有朝一日也能夠成為一位厲害的操盤手。殊不知，絕大多數的技術分析工具都有其預測判斷的極限，也存在偶發失準的時候（而此時卻往往讓人們一次賠掉之前所累積賺到的獲利），新手們在學習與實戰運用的過程中，往往需經歷反覆不斷的自行驗證，甚至蒙受虧損的挫折來換取經驗，這也使得不少人在幾次試誤之後，道出技術分析不可靠、甚至無用的說法。

此書作者以他在證券投資市場三十多年經驗，歸納出既可以實證支持行為金融學的理論架構，同時又能運用在交易實務上的三大策略，分別是：極端價格、追隨趨勢、支撐與壓力。如果能夠透過此書的輔助，讓剛接觸技術分析領域的新手們有一個良好的基石做為出發點，或者使原本已經接觸過技術分析的操作者能夠有去蕪存菁、獲得操作判斷邏輯上的補強，抑或市場老手們因此釐清原本不夠

有把握的模糊地帶而獲得更加清澈的見解，那麼此書就發揮了它的價值！畢竟在目前台灣股市有許多知名的技術分析高手，能夠持盈保泰、長勝於市場的老手也不乏其人，然而能具備有理論根據、有實戰驗證、更有系統的進行教學指導的師資並不易見（往往這樣的良師只願意指導少數人，或者他們普遍已經賺夠一生財富而享受人生、不再參與教學指導），此書應是崇尚技術分析交易者的一個高 CP 值學習機會，甚至是一個從「心」開始理解市場運作原理的嶄新機會！

最後，我衷心期盼每一位讀者和投資人，都能夠找到屬於自己的一套投資哲學，無論是哪一類的投資模式，沒有最好，只有最適合；掌握正確的投資心法，享受清閒且優遊自在的人生。

願善良、紀律、智慧與你我同在！

投資心理，
是你不可忽視的市場之鑰

知名財經作者　盧冠安

　　多年前我有幸參加一個財經節目，某知名主持人與我對談時，當我提到，自己在生態研究所修過動物行為學，這門學問對投資很有幫助（當然研究所時，我並不知道動物行為學對了解投資心理有幫助）。當下主持人一臉訝異，而其他來賓也沒能夠接上話，大家只好轉移話題。從這個例子，我們可以了解到，台灣的投資人對於市場心理的了解是如此的少，很多人似乎以為照著基本面或（與）技術面，就能在市場上賺錢了。事實上，在金融市場上偶爾賺點小錢並不難，難的是在極端行情到來時（當時媒體想必

是鋪天蓋地的消息接踵而至），你還能夠保持清醒的頭腦，而不被之後的暴跌或崩盤滅頂（因為一次暴跌或崩盤的損失，往往超過過去數年的報酬），這才有長期獲利致勝的可能。

由於行為金融學（或金融心理學）其實是個相對新穎的學門，因此目前國內對於這學問的探討不多，市面上的相關書籍也屈指可數。某日樂金文化總編與我討論這本書的內容時，我便發覺這是一本國內很罕見的書籍。由於探討金融心理學的通俗書籍本就不多，但這本書居然可以結合金融心理學與技術分析，堪稱是國內首見。

除了內容堪稱珍品外，也非常實用，例如179頁提到三角形型態「盤整時間越久，最後突破時的爆發力就越強大、走勢會越陡峭」，這已經在二〇一六～二〇一九年五月的黃金盤整與之後的突破中驗證。我比較擔心的是：當已經盤整多年（或者說高檔震盪）的股市向下突破的時候，不知道會有多慘烈？在此也提醒各位讀者，最好預先防範這種風險，不要像書中說的「羊群效應」，迷信「長期持有股票可以賺大錢」，最後落得慘烈下場。

另外，還有幾個例子，足以證明本書的實用性：由於金融市場的複雜性，因此多數人在處理投資時，常會想聽到「一個指標」或「一支明牌」就可以賺錢，或者是65頁

說到，認為過去的趨勢就代表未來的趨勢（而沒有研究背後的原因）。抑或，過去近十年的股市上漲，讓很多人產生「反正股票一直放著，就可以賺錢了」（這就是本書說的「將複雜性簡化」的錯誤思考模式），如果各位讀者看懂這本書的意思，相信可以讓各位未來省下不少「學費」。

在 87 頁說到的「道瓊狗股」（Dogs of the Dow）這種投資策略，簡單來說就是買進過去表現較差的股票，而這種操作方式也的確有它的績效。如果各位讀者的眼光不只放在股票（這就是書中 85 頁說的「全球宏觀投資策略」），而是放在股、債、匯（可以分為美元與非美元貨幣）、原物料、房地產，檢視一下這五種主要資產哪種最被低估，或許你會有海闊天空的感覺。

這本書能夠讓讀者了解自身思維的盲點，之後務實面對並改善。這就是我推薦給各位的原因。如果各位讀者能善用本書內容（最好也讀在下的序），才能夠在即將來臨的金融風暴之前安全脫身，甚至還能笑傲江湖，賺得一筆小錢。

看懂價格變化，
找到賺錢的交易策略

專職操盤手　獨孤求敗

　　牛頓曾經說過：「我可以準確的算出天體運行的軌跡，但是我不知道瘋狂的人會將行情帶到哪裡去。」投資不只是科學、統計學、數學，還夾帶著人性、情緒在裡面，投資你不得不考慮到人性會影響行為，而行為影響價格。

　　最近我看到這樣一則新聞，有一個機車行老闆，因為白天修理機車的生意不大好，每個月繳房租給房東，讓他沒辦法獲利，不但不賺錢，每個月還倒貼一到兩萬，為了貼補這個虧損，他選擇早上六點到九點兼差外送早餐，早上九點到晚上九點經營他的機車行，晚上九點到十二點再

兼差外送消夜。一天工作十八個小時。他說，修機車的技術是爸爸傳承給他的，但是現在開店不會賺錢，他希望自己可以撐下去，不要讓家人擔心經濟來源。

由理性來分析，他應該在主要的工作時段賺到錢，而不是用其他的方法來彌補他的虧損。他可以關掉他的機車行，去找一份工作，這樣直接讓收入由負轉正。可是從情感來看，他捨不得結束他的事業，不想要認輸，不想面對虧損的事實，選擇逃避。想用其他方式來彌補這個虧損，期待生意最後可以變好。這不是和很多人的投資行為一樣嗎？當投資發生虧損，選擇不面對虧損，不停損，可能用其他收入、儲蓄或房產，再投入市場，希望可以拯救虧損的帳戶，期待情況可以好轉。決定你投資行為的，是客觀的分析，還是主觀的情感？

我的第一本著作《贏在修正的股市操盤絕技》提到，「人性會影響交易和交易時的情緒，所以了解人性與行為，就可以在市場上賺錢」這點和本書強調的「行為金融學」不謀而合。這本書有系統的分析人性如何影響決策，用很多理論和案例來解釋人的行為，從個人行為到群眾的集體行為，最後將這些行為結合金融投資，解釋技術分析，看懂價格變化的原理，從中找到賺錢的交易策略。

作者序

保羅・亞佐巴帝

　　《第四類投資模式：行為技術分析，從人性與金融市場的互動與碰撞，洞察獲利勝機》的中文版即將在台灣出版上市，讓我感到非常興奮也非常榮幸。

　　投資的關鍵，其實是不確定狀況下的決策。優秀投資人通常要收集投資的基本面資訊，加以深思熟慮的判斷。但是基本面因素要真正發揮作用，往往還需要一段時間才會真正實現，所以我們從經驗中發現到，短期內推動市場變化的通常就是市場情緒。市場情緒是反映市場參與者的集體心理。

這些實體群眾或數位群眾對於特定市場事件的反應、相互間的溝通互動，會造成種種個人情感和情緒，彼此激盪匯流即成集體心理。包括各種心理偏誤、基本面歷史因素、價格與成交量模式，各式各樣的期望、想像、偏見、恐懼、貪婪、歷史因素和各種隨意的解讀，另外還有很多其他因素都在即時的回饋循環中相互發揮作用。這種種令人著迷、引人注意的互動，就好像是捏造塑成投資交易的黏土，一點一點的逐漸決定股票價格。

我這本書由哈里曼出版公司（Harriman House）首度在英國出版之後，「行為技術分析」這個名詞現在已經成為投資分析和其他投資類書籍常常引用的術語，這十年來我們對於行為金融學有許多令人振奮的新發現，合併運用在股價與成交量線圖的技術分析上，也相互促成更深入的了解。

《第四類投資模式》就是希望成為這門新學問的簡要指南，對於構成情緒、促發投資人行為的重要心理偏誤與經驗法則（各種認知捷徑）進行分類與解釋，並且把這些發現實際應用到各種常見的股價趨勢技術分析。

我撰寫這本書，不只是給剛接觸投資的新手做為指導，也希望過去一直只運用基本分析和技術分析的投資老手，現在也可以在決策時加上行為因素的考慮。

謹在此歡迎所有來自台灣的讀者，預祝大家都能獲得最棒的投資報酬！

前　言

　　從某方面來說，投資人一輩子都在跟市場價格的隨機波動搏鬥。就我個人來說，我最早是先拿到會計師證照，從那個身分開始去理解那些翻雲覆雨又讓人非常著迷的投資市場，在這個過程中我很努力的學習各種商業知識，盡可能接觸各種投資理論。

　　所以，我原本是從基本分析開始的，但很快就被引導到有效市場理論，還有各種精緻漂亮的數學模型、資本資產定價模型，以及選擇權定價理論等。在這些各式各樣的理論之中，我找到很多刺激，但很少讓我徹底感到滿足。

　　有很長一段時間，面對翻覆多變的市場我逐漸妥協，想說只能靠自己多做功課，掌握基本分析的重要資訊，就可以依賴多元分散的投資組合進入市場，小心翼翼照顧好自己的投資，然後期待出現最好的結果。而且我還會運用停損技巧來改善這個基本方法，策略性的猜測市場接下來的動向。平均來說，這些方法都有點用處，但是整體結果

我並不滿意。

我第一次讀到埃德溫·勒菲弗（Edwin Lefevre）寫李佛摩（Jesse Livermore）的經典著作《股票作手回憶錄》（*Reminiscences of a Stock Operator*）才發現到，基本面雖然很重要，但並非主角。況且市場本身其實是自有其生命，由大家的情緒所推動。我發現就是這些情緒在推動市場動向，透過市場價格的變化可以清晰看出這個活動過程。而這個市場情緒，其實就是市場參與者的集體心理。這個綜合股票基本面、價格變化和市場情緒的大雜燴，最後讓我發現了一條投資大道！

大概也是在這個時候，從各種討論投資的文章裡頭，我偶然發現康納曼（Kahneman）和特沃斯基（Tversky）研究的「展望理論」（prospect theory），以及他們談到我們在不確定狀況下經常運用基本方法——所謂的認知「捷徑」，亦稱為「捷思法」（heuristics）——做決策，他們談到一些像是代表性、可得性、錨定與調整等的概念。我們這些投資人不就是在不確定狀況下做決策嘛！不然我們是在幹嘛呢？康納曼和特沃斯基的「行為金融」方法採用最新研究，運用心理學、經濟學、統計學和其他各類學門的技術深入理解李佛摩所說的市場心理。我覺得這門學問真是直抵市場核心，讓我心醉神迷讚嘆不已。

「決策」即是投資和行為金融學的核心，意思是我們怎麼做決定；所以我很清楚，行為金融學應該就是投資學的核心重點。我也很快就明白，雖然基本分析可以處理未來（如果能拿到好資料的話），我透過股價趨勢和技術線圖也只能知道現在正在發生什麼，以及明天大概會怎麼走。**這讓我了解到，我必須以基本分析和經濟模型做背景，然後透過市場情緒和價格走勢來觀察最近切的狀況。**另一個重點是，**運用統計學和計量分析收集事實資料，才能真正腳踏實地的研究，而不是跟著道聽塗說天馬行空。**這樣打掉重練重新聚焦，讓我整套投資方法為之一變。

　　接著就到了二○○八年及二○○九年的大考驗。市場的本質是，沒人可以永遠成功，每一個參與市場的人都必須更努力、更用功。但我希望這種重新聚焦，可以幫助各位讀者提升投資績效，因為我就是靠這種方法提升績效。

行為金融學的興起

　　我很高興的注意到，世界各地的技術分析組織越來越重視市場情緒和投資心理學方面的研究，把這些新研究納入知識體系與技術分析課程，並且更加重視統計測試的證據檢驗。與技術分析相關的行為金融研究論文，也開始出現在重要的研討會並成為學術獎勵的對象。

一些很有影響力的機構，諸如在美國、英國、加拿大、澳洲、新加坡及全球各地的技術分析師協會，也都把行為金融的研究納入協會獎助的研發專案。

　　例如，英國《技術分析師》（*The Technical Analyst*）期刊定期舉辦研討會、培訓課程及多種活動，為「交易員及基金經理人運用市場心理學駕御市場無效率」開設一系列行為金融講座課程。二○○八年的研討會上有幾位老師探論展望理論、過度反應與反應不足、羊群行為（herding）和價值投資法如何運用行為金融學等議題，這些和全球各地的類似活動，都預示著金融與證券交易的新視野，很可能改變我們進入市場的投資方法。

　　提供投資服務的相關企業如今不只研究不同類型的投資人（法人、共同基金和散戶），還會透過投資管理方式以及不同操作規模的買、賣壓力來進行分析。因此，行為金融學不只是影響到投資決策，也影響到企業與股東的關係。

本書的目標

　　我這本書設定三個重要目標。我的第一個目標是翔實、有趣又有條理的向投資人介紹行為金融學。在第一部分的導論提供行為金融學的背景資訊後，我在第二部分會討論行為

金融學的主要概念，這是各位讀者了解整套學說的基礎。

我的第二個目標和第一個一樣重要，就是探討**快速發展但還是相當新穎的行為金融學如何跟技術分析相互結合**，我們知道這方面的應用一直以來頗有進展。這種新組合我稱之為「行為技術分析」。

我認為行為金融學和技術分析相互激盪和啟發，可以帶來讓人振奮的新展望。這兩大學門的邏輯融合為一，以客觀觀察和現代計量分析檢驗假設，會對這個領域的深入探索提供動力，更重要的是，我希望藉此創造出新的獲利方法。

我這本書的第三個目標是，提供投資人實用價值，幫助大家找到獲利的方法。這本書不是要拿出什麼祕術絕招，不是說叫你每天練個幾分鐘，幾個月後就能在市場上賺大錢。相反的，是在第二部分的每章最後都會有一個總結摘要，探討投資人如何運用剛剛討論過的行為金融理論。這些討論會在第三部分再加擴展，我會討論技術分析師多年來使用的三種行為金融策略的概念。這三大策略分別是：**極端價格、追隨趨勢、支撐與壓力**。我選用這三種策略，是因為它們都有充分證據顯示有效，而且在證券交易上帶來好「錢」景。

PART **1**

行為金融學的起點

BACKGROUND

CHAPTER 1

行為金融革命

「在不理性的世界中採取理性投資策略，那是再危險不過的！」

——英國經濟大師　凱因斯（John Maynard Keynes）

　　這一章要說明行為金融學為什麼很重要。我們的投資常識大多是根據古典經濟學「理性經濟人」（rational economic man）的概念：一個精於計算、不受感情干擾，能夠完全理解周遭事物的參與者。但行為金融學對這個假設提出挑戰，打破古典經濟模型，發展出更新也更貼近現實的實用理念。

　　本章要介紹理解行為金融學的六大面向，每個面向後續都有專章討論，並簡要介紹行為金融學與其他投資學門如何相互配合運用。

行為金融對你的投資很重要

投資是根據**資料進行分析、對風險與不確定性下判斷**的決策過程。我們的自然天性，包括情感情緒、理智分析和生理反應，都會在這個過程中發揮重要作用。行為金融研究的是我們怎麼做財務決策，以及那些自然本性帶來的優勢和劣勢。因此，在整個投資過程中，行為金融學可說就是占據核心位置，能對投資人如何投資資金帶來新見解。

我們今天看待財務決策的方式，就算只是跟十年前比較，也已經跟過去截然不同。行為金融學吸收過去的經濟和金融理論，透過心理學及其他人類行為的研究，讓我們知道人類行為與反應的實際方式，而不再只是我們「應該」要有什麼行為或反應。所以最早探索行為金融學的專家很多都是心理學家和行為科學家，運用相關學門的專業知識來研究我們在經濟及投資上的行為和決策。

古典經濟學家提出的重要假設是說，人類的經濟行為完全是理性的，認為我們都會以冷靜而合理的方式進行種種分析，以最符合自己利益的方式來進行交易。而且不只是理性分析而已，這些冷靜的盤算也都是在資訊完整揭示的情況下進行，這樣的交易不管是誰都能獲得最優化的利益。

古典經濟學大多是根據這樣的「理性經濟人」概念來

進行相關研究和探討。而金融與投資只是經濟學裡的特定主題，所以金融研究者在進行相關探討時，當然也是採用原本掌握的古典經濟理論為基礎。這些早期的金融理論通常被行為金融學家稱為「標準金融」（standard finance）。

理性經濟人（REM）

「理性經濟人」（Rational Economic Man）精於計算、合乎理性而且不受情緒干擾，這是早期許多經濟模型的假設基礎。

理性經濟人如果要買車，他大概是以下列方式進行：他知道他的需求是以最低成本買到最好的車。他先列出自己必須買車的原因：要開車去上班、要去看電影、去郊區購物中心等。然後他盤算自己買車會有什麼好處，也考慮到其他各種替代方案，例如搭乘公共交通工具、需要時才租車、打電話叫計程車或搭別人便車等，全盤相互比較。等他算出自己能夠獲得多大好處（以貨幣價值計算），再來是考慮成本。

他知道自己需要收集各種汽車的資訊，列出世界上所有汽車廠商的清單。他查看清單後發現，去別的洲買車成本太高，完全不可行。所以他決定好進行採購的合理範圍。接下來他收集到各種汽車資訊，包括：價格、交車時間、可能的維修成本、應付稅款與關稅、燃料消耗、證照成本以及保險費用等。然後他開始計算每輛車的使用年限，以及最後剩下

的殘值。再把每個車廠、每種車款可以獲得的好處與各自的取得成本加以比較。當他決定好要選擇哪一種汽車時，他大概也是非常厲害的汽車專家囉！不但擁有幾近完美的資訊，而且也能精準的做出最佳選擇。

「理性經濟人」真的存在嗎？

理性經濟人其實是誇張又好笑。買車的時候真的會像這樣算來算去、比來比去的人大概也不多吧。理性經濟人的方法也太過耗時，事實上也永遠不可能做到，因為收集資訊收到某個時候，那些資訊又都過時了。所以我們要是用理性經濟人這種方式來做決策，大概永遠也做不出什麼結論來。

不過我們知道，理性經濟人那一套仍然捕捉到一部分真實。比方說要買車的時候，我們的確會先問自己是否真的需要一輛車。也許我們只要搭乘大眾運輸系統就夠了，尤其是住在大城市的話。我們也會去注意開車到底要花多少錢，例如耗油效率、去哪裡買最划算、去哪裡維修最便宜等。所以，以理性經濟人為假設的經濟模型，雖然不夠準確，但確實包含著一些事實，能在某種程度上反映出我們的行為方式。

在考慮買車時，我們普通人會做的事跟理性經濟人大概會有兩點不一樣。第一是，我們大概不會像理性經濟人做那麼多研究、分析和計算。我們可能會讓事情變得簡單一點，心理上不會做那麼多的計算和比較，不然事情就搞得太複雜。

還有第二點是，我們的情感可能會受到很多跟汽車有關的因素所影響，諸如：品牌、安全極速、車款外形和顏色，以及很多開車的人會特別注意的汽車特點。對很多人來說，汽車不只是一輛機器而已，更像是某種活著的生物一般。所以一輛汽車不只是各種零件拼裝起來，它的功能也不只是把你從甲地運到乙地這麼簡單。

毫無疑問的是，只是把汽車看做是單純運輸機器的經濟模型，並不能反映現實世界的所有基本特性，因此用它來描述正在發生的事情及預測未來，效果就相當有限。同樣的，以理性經濟人為基礎的金融模型，也捕捉不到它想要解釋的許多市場實況和關鍵面向＊。

＊關於市場中理性經濟人的簡要討論，請參閱「附錄一」。

行為金融學的開始

剛剛買車的例子，讓我們大概可以理解行為金融學的核心議題。

最早研究行為金融的學者都知道，理性經濟人雖然是強而有力的概念，可以靠它來建立很多有用的經濟理論，但它並沒有捕捉到足夠的真相，特別是反映出人性真實的情感包袱和個性特徵。

我們都知道我們會有恐懼、貪婪等情緒，而且旁人的情緒，尤其是我們身處群眾之中的時候，甚至周遭旁人的情緒都會偷偷潛入心裡，讓我們遠離邏輯路徑。通常是到事後才會發覺自己受到影響，等到我們驚呼「到底是在想什麼啊？」大概都已經太遲！

研究行為金融學的學者認為，傳統經濟學必須重新審視和調整，應該重新擺回中心位置的，是我們這些既不理性又容易情緒化，總是反覆無常的世間男女。

因此，行為金融學在經濟學中，可說是以實際的「智人」取代理性經濟人。以真實人類做為經濟主體來重新審視，才讓康納曼、特沃斯基、羅伯·席勒（Robert Shiller）、理察·泰勒（Richard Thaler）等人對於經濟理論提出重要批評，為行為金融學的發展奠下基礎。

理性的界限

現在很多研究學者並不以理性經濟人的超級理性做為研究基礎,而是更貼近現實,改採「有限理性」的概念。

這個概念認為人類本質上雖屬理性,而且也希望達到行為最優化,但我們的大腦在理解及解決問題的能力上,還是有它的限制。

> **行為金融學:**
>
> 行為金融是運用心理學及其他分析工具探索投資行為。

行為金融學最有趣的是,研究那些在預期之外、不合理性以及違反直覺的決策。這些探索和發現讓行為金融學現在變得如此重要。

如今的研究學者甚至採用磁共振造影(Magnetic Resonance Imaging;MRI)深入探索人類大腦,來研究個人進行經濟決策的過程。儘管大腦研究持續揭示我們是怎麼做決策,卻也同時讓我們清楚的發現,決策中的非理性與不可預測仍是人性本質的一部分。如果不是有這些不可確定的部分,投資也就沒什麼好探討學習的囉。

由於各種心理或生理因素，投資人時常會屈從於情感，做出不理性的表現，也許是根據原始本能來做決策，或對風險採取各種不一致的態度，有時候只會傻傻的跟著大家走，一味的受到恐懼或樂觀所蒙蔽。這種種慣常表現其實只是因為：**市場就是人類構成的**。我們在下一章會繼續討論人類一些非理性的層面。

行為金融學的六大分類

心理學跟其他科學不一樣，它不是圍繞某一套統一的理論建立起來的，而是由很多種不同的理論、假設和實驗結果組合而成，這些理論、假設和實驗結果也沒在一個大架構下統合完整，所以從不同的角度來看，橫嶺側峰，高低不同。而行為金融學從心理學方面借助頗多，因此也帶有母體的紛雜性格。這個狀況讓首度接觸這個主題的投資人，時常感到無所適從。

因此，我把行為金融分為六大主題。當然這種分類仍是屬於試驗性質，而且其中恐怕也免不了會有重疊之處。但我覺得這是最好的安排方式，讓投資人可以充分理解行為金融學的重要概念和關注重點。各位讀者透過這種方式再深入閱讀，特別是後續再深入學術論文及技術分析相關讀物，就能先掌握一套概略的理解架構，才好進行不同的

觀察和解析相關理論。

其他或許還有一些主題是在六大分類之外，事實上因為行為金融學研究的蓬勃發展，識見範圍日漸擴大，可能還需要做出更多分類（或者也可能是需要更加精簡）。

其實這六大分類還可以概分成兩種。

第一部分是**涉及我們與周遭世界互動**的三類：

① 複雜性（C）：應對與處理周遭的複雜性；

② 感官認知（P）：感官認知的作用和它對我們行為的影響；

③ 厭惡感（A）：這是為了維持心理穩定、避免情緒波動。

第二部分是關於自我身分與身邊他人影響的三個種類：

④ 自我（S）：自我的影響，包括維持現狀；

⑤ 社會（S）：我們身在其中的群眾；

⑥ 性別（G）：性別差異也會帶來不同的行為模式。

這一整套，我稱之為「CPA － SSG」架構。

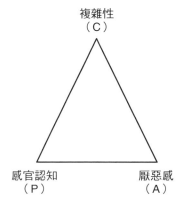

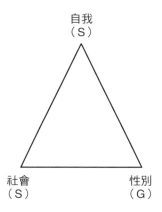

複雜性
（C）

自我
（S）

感官認知　　　　　厭惡感
（P）　　　　　　（A）

社會　　　　　　　性別
（S）　　　　　　（G）

　　「厭惡」（aversion）是行為金融研究的強大概念，已經累積了許多實驗觀察和重要研究，「展望理論」的研究也包括其中。因此，本書在討論「自我」的力量之後才會集中處理「厭惡」主題。這六大類別的專章討論安排如下：

行為金融學六大類：

① 處理複雜性：第三章

② 感官認知：第四章

③ 厭惡感：第六章

④ 自我：第五章

⑤ 社會（群眾）：第七章

⑥ 性別：第八章

在第二章談到情緒如何影響決策之後，我們要詳細討論第一類（第三章）：我們人類如何應對與處理周遭複雜性的綜合研究。我們生活其中的世界非常複雜，人類大腦雖然能力強大，但還是有其限制。一旦面對世界——還有市場——的難題，大腦也只能盡力而為。所以它會運用簡化、基本法則、選擇性的思考和觀察，或尋求熟悉模式，但這樣做的結果會帶來一些連自己都不知道的盲點。

大腦應對複雜性的有趣方式之一，是會去注意變動而忽略靜止狀態。大家大概也都知道，我們的大腦比較擅長捕捉變化而非不變的狀態，這對我們的理性思考就會帶來限制，讓我們因此更注意自己剛剛得到或失去的東西，反而忽略那些原本擁有的事物。

第二類（第四章）是感官認知對於行為金融學的作用。正如任何一位畫家都能告訴你的：我們事實上不是「看到」了什麼，而是自己「認為」那裡有什麼。事實上要當個寫實畫家，最困難的部分就是要學著去看見事物「真實存在」的狀態，不是你覺得通常會有什麼、不是照片拍到什麼，也不是我們認為應該有什麼。

大多數的學術訓練也是如此。我們要學習怎麼做研究、怎麼正確的測量，如何推理、如何檢測，並且學會消除主觀猜想。但我們的大腦喜歡看到自己想看到的東西，透過

某些刻板原型以粗略的現成方式把人事物綁在一起；只要是最近發生的事件，即使不重要，也會給予過多關注；我們慣常用事後之明和特定條件下的數字資料來做出結論。這些毛病，會計師都曉得，所以會計準則特別重視數據資料的分類、資訊如何呈現，而且同時把握住真正的重點。

第三類（第六章）討論厭惡感驅動的種種行為。我們在心理上都想要穩定，而且希望「知道自己站在什麼位置」。一般來說，我們人類都不喜歡頻繁變動，所以大家都想要穩定。比方說，在財務方面，投資組合的價值就會盡量避免頻繁改變。今天上漲二十五％，明天又下跌二十％，要是天天這樣搞有誰受得了！不過這也只是就一般狀況來說，因為有時候我們也會想要冒險找刺激。

「自我」是第四類的主題（第五章）。我們的所見、所為，都跟自己的身分有關。我們可能天生悲觀或樂觀，作風保守或律己甚嚴，甚至是熱中於綺思幻想：所有這些特質都會影響到我們認知世界的方式，從而影響到我們的行為方式。

比方說，某甲一向太過自信，他看待市場和做交易的方式就會跟著表現出來。其實這也是很多投資從模擬交易過渡到實際交易時，會讓人覺得運氣變差的原因之一。因為模擬交易不是用真錢，投資人就比較不會受到情緒干擾：

比較不會焦慮，可能也更容易理性思考。一旦開始使用真錢交易之後，就會變得猶豫不決，情緒蒙蔽理性，交易成績自然大受影響。這也是為什麼剛開始進入市場做交易時，要從小規模做起的主要原因。要成為成功投資人，絕對需要很多練習，讓自己得以保持平衡心態，避免情緒激動，冷靜思考、冷靜行動。

我們通常都是群眾的一部分，社會的一部分。因此，第七章談的第五類是討論社會如何影響我們思考與感受方式。隨著時間的累積，已經有越來越多的研究證據顯示，我們的大腦天生就會關注自己與身邊眾人的聯結。我們也常常看到，人與人相處日久，思考和說話方式都會互相影響，有些人說甚至連長相都會越來越像。

第七章同時也會探討社會的感受和信念是怎麼自我強化，而且最後常常失控。當然那些信念往往也涉及金錢運作，因此對市場造成影響。我們身為投資人要怎麼小心注意這些已經占據市場的信念與期望，才能從中獲利，不管是行情才剛啟動要提早上車，或者是頂峰已過正在走下坡，可以拋空以待。我們也常常看到，多頭行情啟動之後，常常會持續得比很多人預期得還久。

在第二部分的最後，是討論性別議題的第六類（第八章）。古典經濟學和金融學從沒考慮過投資決策者的性別，

但根據行為金融學的研究，性別因素其實是個關鍵變量，因為男性和女性對投資的態度很不一樣。比方說，男性常常太過自信，而女性則普遍偏向保守。性別議題是個很大的領域，研究工作可說是才剛開始而已，但就投資人的概況側寫（profiling），尤其是在性別方面，未來很可能成為重要主題。而兩性之間的差異，更突顯出技術分析能夠提供更客觀投資方法的用處。

在第三部分，我們要探討行為金融學怎麼跟技術分析和計量金融相結合，打造出進入市場的全新方法。第九章要介紹三種技術分析工具的概念架構——極端價格（extreme prices）、趨勢，以及支撐與壓力——並討論這些架構背後的行為金融學概念。最後一章，第十章簡要介紹未來的新視野，讓讀者知道如何充分利用本書。

第四類投資模式

長久以來，投資專家說的投資模式主要只有兩類。

第一類就是基本分析。有價證券，不管是公司發行的股票或國家發行的公債，都是根據它的經濟特徵和價值來做分析。比方說我們在分析企業股票時，大概會提出以下問題：

- 公司的稅後利潤有多少？

- 公司已經發行多少股票？
- 利潤占營業額的百分比是多少？
- 營業額和利潤是正在成長、維持穩定還是萎縮下降？原因何在？
- 公司的市場優勢為何？
- 公司的市占率多高？
- 公司的優勢（S）、劣勢（W）、機會（O）為何？面臨什麼威脅（T）？（這就是「SWOT」分析）
- 公司的負債水準多高？是否能夠維持下去？
- 公司的配股孳息有多少？

諸如此類的問題可以幫助我們了解這家公司的現況，以及它未來的金流動向可能是什麼，這樣我們就會知道它有多少價值。

第二類模式是技術分析。技術分析主要是查看股票價格，通常在市場條件下的股價表現。分析師會研究股價的長中短期變化，以及量價配合狀況是否支撐股價走勢。特定的價格趨勢當然要特別注意，例如形成頭肩底或頭肩頂就表示股價趨勢會有變化，也有其他型態，例如旗形表示價格動態會延續前段趨勢。也有人使用移動平均線，包括長中短周期移動平均線的差異，也都是股價變化的參考。

也有人根據股價和成交量的呈現型態，來預測未來的價格變化。

到後來又有第三類模式，也就是**計量分析**。經濟學家更完整的檢視全球市場，把世界上所有的資產納入新模型之中，並假設市場參與者都有最充分的資訊來做出決策。他們運用各種統計和數學工具開發資本市場的分析模型，在一九七〇年代後期獲得飛躍進展，帶來今日各種極具影響力的模型，包括資本資產定價模型和用於評估選擇權價值的各種模型。經濟學家分析市場、收集證據以證實或推翻假設，各類市場模型更頻繁的運用數學和統計，開發出許多新工具，新的計量技術分析也隨之發展，例如「GARCH」模型和碎形幾何等。

有些投資專家**把基本分析和計量金融**結合在一起，也有很多技術分析師認為計量金融其實只是價格變動與市場趨勢型態分析的一種。然而這三類模式，不管從哪個分類因素來考量，都沒有把投資人的心理因素放在中心位置。在那些方法裡頭，個別投資人顯然還是被視為理性，會做出理性行為。只有行為金融學真正把投資人的心理和行為當做是研究焦點。所以從這一層意義來說，行為金融學可以說是當前大家都很需要的第四類投資模式。

重要概念

- 理性經濟人——過理想化的學說
- 有限理性——是更好的模型
- 六大類行為金融,「CPA － SSG」架構:
  ①處理複雜性
  ②感官認知
  ③厭惡感
  ④自我
  ⑤社會
  ⑥性別
- **投資:**
  ①基本分析
  ②技術分析
  ③計量分析
  ④第四類模式——行為金融學

CHAPTER 2

人的奇怪行為：
決策中的情感因素

> 「我說自己容易犯錯、不大可靠，並非泛泛空論，而是
> 誠實告白。我身為基金經理人，非常仰賴自己的情緒。
> 因為我知道，光靠知識是不夠的。」
>
> ——喬治‧索羅斯（George Soros）

　　我們要研究行為金融學，是因為我們人類的行為並不
總是理性，而是常常會做出一些讓人意想不到的事情。就
算我們小心謹慎保持警惕，情緒和情感因素還是會在決策
中發揮重要作用。事實上，如果完全排除情感因素，就會
變得很難做出決定、甚至是不可能做出決定，正如同我們
等一下會談到的「布里丹之驢」的例子。

　　本章要介紹「認知捷徑」（heuristics）的概念，這是我
們經常運用來做決策的基本方法。我們還要介紹一些行為
偏誤（behavioural biases），這些偏誤可能來自認知，也可

能是情感造成。我們還會簡單介紹大腦功能，這是所有反應與思考運作的硬體。

行為金融學的出現，就是因為我們人類的言行舉止並不總是合理，與大家的預期不符。我們有時候會做出一些意料之外的事情，也許是出於不慎、習慣或因為太固執。

我們都以不同方式來看待事物，也會以自己的方式來行動。關於人類的行為方式，已經有許多專題研究。我們在這方面可是付出巨大努力想要分析解讀自我。

康納曼教授小時候就是看到人類的怪異行徑，才讓他立志鑽研心理學。後來獲得諾貝爾獎的康納曼也成為行為金融學的先驅之一。他在二〇〇二年領取諾貝爾經濟學獎的演講中，生動描述了一段他自己的親身經歷。一九四〇年代納粹占領的巴黎，猶太小孩的他在下午六點之後是不准在外遊蕩的。有一天晚上他太晚回家，路上看到一個德國士兵朝他走來。那個士兵攔下他之後，卻是抱著他，然後掏出錢包裡的一張照片讓他看，後來又給他一些錢當禮物。康納曼說這就是人們「永無止境的複雜又有趣」的證據，他就是被那次經歷所吸引，而走上人類行為的研究之路。

康納曼說，正是這種對人及其經歷的著迷，「被那些出乎意料之外的事所觸動，發現到他們其實都有兩面甚至

更多面向」，開創出他做為行為金融學先驅之一的偉大專業生涯。

挑戰「理性經濟人」的假設

大家都喜歡說自己理性，也都以為自己會依據事實下判斷做決定，小心翼翼不要被自己的情緒牽著鼻子走。行為金融學批評古典經濟學「理性經濟人」的核心假設，雖說是言之成理，但其實還真是挑戰我們的自我認知。

也許我們是沒有把所有數據都整整齊齊的寫下來，把每個細節都打點得乾淨漂亮，但我們都認為自己會把所有情緒都控制得很好，只有在自己覺得適當的時候才會放它們出來鬧一下。

事實並非如此。我們甚至常常沒發現自己的情緒外露，甚至已經偷偷跑出來影響我們。有時候我們以為自己看得很清楚，其實我們所見跟事實完全不符。我們常常戴著情緒的有色眼鏡，把事實和數據都染了顏色，做出種種不理性的結論。

不理性的來源

人類的決策充滿了不理性。行為金融學大部分也就在研究這些不理性。

所謂的「不理性」（irrationality）是說，偏離了客觀、嚴謹的邏輯，儘管最後可能因為這個「不理性」而獲得好處。比方說，大家要是借錢給朋友或捐款給慈善機構，想必是自我感覺不錯吧，這就是獲得心理上的好處。

　　不理性可能有兩個來源：偏誤和認知捷徑。而偏誤也有兩種：情感（情緒）和認知。

圖 2.1　不理性的來源

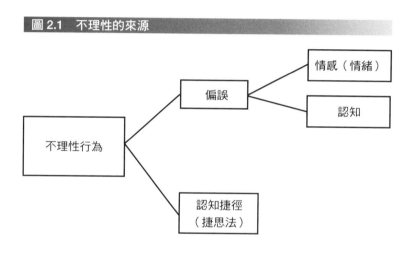

① 偏誤

　　偏誤（biases）是我們處理周遭世界資訊時出現的系統

錯誤。我們可以拿偏誤和隨機錯誤做比較：偏誤是在相同情況、相同條件下就會持續出現的錯誤，但隨機錯誤則不一定會持續出現，即使是在相同條件下。

我們有時候因為理解周遭世界的方式造成偏誤而蒙受虧損，這就是認知上的偏誤。目前的研究幾乎都偏重在認知偏誤，這可能是因為認知偏誤比情感偏誤更容易描述也更容易理解，因此更適合做實驗。此外，也有些時候是因為控制不了情緒的干擾，造成某些偏誤、做出不理性行為而造成虧損（但也有因此反而受益的時候）。這時候，我們甚至都沒意識到這是情緒在發揮作用。探討情緒如何滲透到決策之中，正是本章的主題。

書後「附錄二」是偏誤列表，可概分成兩大類。

② 認知捷徑

我們的行動有時似乎不大理性的另一原因是，在面對周遭的複雜環境，我們常常運用粗略的基本方法，也就是「認知捷徑」（heuristics；參見下方定義）。認知捷徑可以簡化環境，讓生活更加簡單方便，但也常常讓我們誤入歧途。

行為金融學中的認知捷徑是指我們在進行決策時運用的基本方法，這其中就包含運作過程中會產生的錯誤，跟字典解釋不同的是，我們是運用實驗、臨場發揮和嘗試錯誤等技巧在認知過程中去學習、發現和解決問題。

認知捷徑包含著猜測和嘗試錯誤，而不是運用演算法或組織化的公式。認知捷徑是只求方便的權宜之計，好處就在於快速。

情緒偏誤

人類情感在投資決策中怎麼發揮作用，正是行為金融學的研究重點。

各位要是覺得自己做財務決策完全不受情緒干擾，以下這個簡單實驗大概就是個不客氣的打臉：

前面擺兩個盒子，裡頭都有金幣，其中一個盒子的金幣數量是另一個盒子的兩倍。我們會請你打開其中一個盒子，看看裡頭有多少金幣。各位可以接受這個已經打開的盒子，或者你拒絕接受這個盒子，就可以再打開另一個盒

子。但是如果選擇打開第二個盒子，就不能再回頭要第一個。

現在你已經打開了第一個盒子，看到裡頭有十個亮晶晶的金幣。你要接受這個盒子，還是再打開第二個呢？

這時候大概主要有兩種情緒在作祟。要是接受第一個盒子，那麼第二個盒子說不定有二十個金幣啊！我們人類基本上是個樂觀派，都是貪得無饜，希望更大、期待更多，所以會覺得另一個盒子一定有更多金幣。不過你也曉得，萬一打開第二個盒子，發現裡頭只有五個金幣，那就悔之晚矣！

這裡說的兩種情緒，希望與貪婪相對於後悔與恐懼，是所有投資決策的重要成分。而且這些情緒也正是重點所在。各位進行投資時，一方面正期待未來的獲利，一方面又會讓現有資金陷入不確定狀態。想要做投資，你必須是個天生的樂觀派，希望獲得更多，也願意承擔風險，冒著恐懼與後悔的危險。

圖 2.2　投資決策的情緒

各位接著會看到，我們在進行決策時會摻入許多情緒，在我們的行為和認知上表現出來。事實上，我們如果可以排除任何情緒，還能做出決定嗎？這問題會讓我們想到有史以來最重要的一隻驢子。

布里丹之驢

「理性行為」的概念是假設我們做什麼事都有個原因，這是行為的先決條件。毫無理由、找不到原因的盲目蠢動，就不是理性行為。比方說，在有益行動和無益行動之間，我們會選擇有益的行動。如果兩個行動都有好處呢？那麼我們會挑選好處比較大的那個來做。

十四世紀上半葉的約翰·布里丹（John Buridan）也對人類行為的這一方面深感興趣，他準備從神學研究中擷取世俗哲學的智慧。他對哲學的新觀點，是在明確的感官認知中追尋合乎人類理性思維的真理，未必要受到宗教經典與教義所限。

我們現在要介紹的驢子問題，其實早在布里丹之前就有人思考過了，據說這個問題可以回溯到亞里斯多德。不過在布里丹寫下來，或者說討論過之後，我們才知道「布里丹之驢」（Buridan's ass）這個問題。

這問題是這麼說的：

假設大中午正熱的時候，有一隻非常口渴的驢子站在院子中間。他的左前方五英尺處有一個水桶裝滿了水；他的右前方五英尺處，跟左邊完全一樣的角度，也有一個相同的水桶，一樣裝滿了水。這頭驢子非常口渴，很想喝水，請問牠應該去喝哪一桶？右邊的那桶，還是左邊那桶？

這就是「布里丹之驢」的悖論。正如悖論所言，這頭驢子如果是完全理性，只按照正當理由行事，那麼牠只能眼巴巴望著兩桶滿滿的水，到最後活活渴死。因為牠完全找不出理由選擇其中一桶而放棄另一桶。遲疑不決的驢子到最後只好活活渴死。這頭驢子如果不是那麼理性，或者說是瘋了，那麼牠就可以隨自己心意做出決定，才不會渴死自己。

理論上來說，如果要在兩個完全相同狀況之間做決定，而且完全沒有情感因素滲入的話，很可能反而找不到可以做決定的基礎，因此永遠做不出決定。「布里丹之驢」可說是個簡單又輕鬆的例子，對於情感因素在決策中的核心作用帶來一點點有趣的啟發。

大腦損傷

「布里丹之驢」提出一個有趣問題：如果有人大腦受傷失去情感能力，那麼他還能做決策嗎？大腦前方的前額

葉皮層是處理思考過程、情緒和記憶的部位，可以說就是決策的操作中心。神經學家安東尼歐‧達馬西奧（Antonio Damasio）曾找來腦前額葉皮層受傷的人進行實驗研究。這些人在各方面看起來都很正常，但其實已經喪失對情感的理解。達馬西奧的報告指出，這些人做決定的能力也因此嚴重受損。他們可以描述特定決策的所有相關因素，也知道不同行動大概會產生什麼結果，卻無法在各種行動方案中做出選擇，因為他們不知道自己想要「好」結果還是「壞」結果。這真是非常奇怪啊！達馬西奧的研究結果似乎證實了布里丹的哲學思考。

處理負面情緒的杏仁核

記憶、情感和決策之間的關係，是在二十世紀早期才發現。瑞士醫生愛德華‧克拉帕瑞德（Eduard Claparede）注意到一些似乎什麼都不記得的健忘症患者──日常生活必須靠身邊的人每十五分鐘提醒一次──還是會記得某些事情。在一個經典實驗中，克拉帕瑞德在手中藏了一根針，然後跟一位患有嚴重健忘症的女士握手。後來再見面時，那位患者不願意再跟克拉帕瑞德握手。當被問到時，這位女士說她也不知道為什麼不願意握手。

這個有趣的研究領域不斷發展，後來更在大腦掃描新技

術的協助下獲得極大進展。現在我們已經越來越了解決策時的大腦活動過程，這預示行為金融學會有令人激動的新發展。

例如，倫敦大學學院的班奈迪托・德馬丁諾（Benedetto De Martino）及其團隊為二十位玩賭博遊戲的男女做腦部掃描，來研究架構效應（framing）對決策的影響。受測者在實驗中都要選擇是否進行賭博。決定要不要賭博，平均費時兩秒鐘，會刺激大腦杏仁核部位的活躍，這是大腦正中央的杏仁狀區域，大約在兩耳軸線略前。

杏仁核處理的幾乎都是負面情緒，例如恐懼，也會保存情感記憶。碰上突發緊急狀況時，杏仁核為我們準備好「戰鬥或落跑」（fight or flight）的反應。如果大腦中的杏仁核受損，那麼這個人會記住事件發生的種種細節，卻感受不到任何與之相關的情緒。

掃描發現前額葉皮層也有活動跡象，證實達馬西奧關於前額葉皮層在決策時發揮重要作用的研究。當受測者思考面前的兩個選擇：要不要賭博時，前額葉皮層就會開始活動。

德馬丁諾團隊還發現前扣帶皮層（anterior cingulate cortex；ACC）的活動，證實分析思考和情緒反應會起衝突。這個皮層是在大腦的前部偏中，形成圍繞胼胝體（corpus callosum）前方的重要位置，這是大腦左右半球互相傳遞神

經訊號的神經束所在。前扣帶皮層似乎具備自主功能，例如調節心跳速率和血壓，也有理性認知功能，例如獎勵預期、決策和同情共感在內的多種情緒。如果這個部位遭受損傷，似乎會導致緊張和憤怒情緒減低。

伏隔核負責獎勵和上癮

研究顯示，我們對金錢獎勵的期望會引發好感，跟嘗到好滋味、聽到愉快音樂、藥物上癮和感受性歡愉所產生的大腦活動一樣。

伏隔核（nucleus accumbens）位於杏仁核上方，負責處理獎勵、動機和上癮反應。有一些藥物，例如古柯鹼和尼古丁，會讓它釋放多巴胺（dopamine）。這是跟神經系統愉悅反應有關的化學物質，在受到愉快刺激或預期會感到愉快時釋放出來。一旦釋放出來，我們就會受到吸引。但它的感覺反應似乎起伏劇烈，不是讓你感到非常愉悅，就是變成重度憂鬱。投資人如果眼看著股票從豐厚獲利一路下跌到變成虧損，就會完全了解多巴胺的威力。

大腦的不同功能是如何整合在一起，多巴胺和其他化學物質（如血清素、去甲基腎上腺素及睪酮素）跟大腦和神經系統是如何相互作用，大腦的各個部位都負責哪些工作，凡此都是非常複雜的研究領域。大腦醫學可說是最尖

端的科學研究，不斷出現最新的研究成果。

睡眠與決策關係：

　　各位要是睡眠不足，請不要做投資交易。

　　在睡眠不足的狀況下，伏隔核對於高風險－高收益選擇會變得更加活躍。同時大腦對於虧損的反應也會受到抑制。

　　睡眠不足會讓大腦對獲利升高預期，並且在危險決策後降低虧損的疼痛感。

——根據美國杜克大學范卡特羅曼（Vinod Venkatraman）團隊研究

　　在決策時觀察到這些情緒表現似乎顯示，我們的決策其實也是理性思考與情緒反應的互動結果。對此，有一篇有趣的論文〈風險分析與風險感受〉（Analysis and Risk as Feelings）即說道：

　　「我們對於某個活動或技術的判斷，不是只有依靠思考，也會根據感受。當我們喜歡這項活動時，會傾向於認定風險低、收益大；反之若不喜歡時，也會做出相反的評判，認為風險高而收益低。在此模式下，其實是情緒事先就在影響和指導風險與利益的判斷。」

直面恐懼的人是更好的投資人

因此我們知道，正如〈風險分析與風險感受〉論文作者史洛維克（Slovic）團隊所言，人類是在「情感與理性共舞」之下做出財務決策。雖然商業文化似乎都討厭情緒干預決策，但我們知道，財務考量時情緒必定也在其中，雖然我們常常意識不到，但我們天生就是如此。

很多專家和研究人員都建議說，我們了解決策的大腦運作後，應該善用這些知識來控制情緒，找出它們會把我們引往何處，並淨化心理運作過程。儘管最新進展似乎支持理性勝過感性，但這實在是說著容易、做來難。例如最近有個研究顯示，缺乏情感能力的腦損傷患者投資遊戲中的表現比正常人還好，因為他們更願意承擔高風險、高收益的投資，對於虧損的厭惡不大。比賽結束時他們獲利多了十三％。

這個腦損傷與風險的研究者之一安東尼·畢卡拉（Antoine Bechara）指出：「那些樂意承擔高風險的人或優秀投資人，也許可以說就是功能性精神障礙，對一些事情不會產生情緒反應。優秀的投資人也可以學會用某種方式控制自己的情緒，變得跟那些人一樣。」另一方面，我們也必須了解，那些我們認為妨礙邏輯思考的情緒反應，其實也是正當的生存機制，因為我們要是對危險無感，就可

能承擔過多風險。現實生活中這些情緒與財務決策的互動，會幫助我們控制虧損幅度。但最好的投資人必須跳脫每天的漲跌盈虧反應，採取統計的觀點來看待投資。

就像艾德・賽柯達（Ed Seykota）所言：「風險是虧損可能性與虧損幅度的結合，而我們生理上對虧損的感受即是恐懼。管理各種風險──包括預期風險、初始風險、開放風險及無意識風險等──的方法之一，就是讓恐懼感成為你的盟友，讓它在控制儀表板上充分發揮作用。以醫療用藥的文化來說，這是在調節恐懼，而非管理風險。一般來說，比起一味閃躲甚至是嗑藥逃避，願意經受恐懼及其他感受的人也會是更好的風險管理者。」

重要概念

- 認知捷徑
- 偏誤：認知偏誤和情緒偏誤
- 布里丹之驢
- 大腦：前額葉皮層和杏仁核
- 睡眠不足
- 風險與恐懼

PART 2

第四類投資模式：
行為金融學

BEHAVIOURAL FINANCE

CHAPTER 3

處理複雜性：
認知簡化

「我很快就找到方法，排除其他事物，釐清基本狀況，
再也不會因為龐雜混亂而昏頭轉向。」

——愛因斯坦（Albert Einstein）

　　對於周遭事物的複雜性，我們人類試著採用簡化、過
濾、隔離和退回撤銷等手段來處理。本章依次討論這些問
題。

　　我們經常運用認知捷徑進行簡化，運用資料分類進行
過濾，或是特別關注正在發生的變化。還有各種形式的退
回撤銷：有的直接，如拒絕或一廂情願的奢望；有的間接，
如再次尋求確認或是選擇性的認知。我們怎麼處理複雜性，
通常也就決定我們怎麼做決策。

　　行為金融學之所以研究複雜性，主要是因為金融市場本

身就很複雜；毫不意外的，我們也經常看到投資人應對金融市場複雜性的方式，跟平常人處理周遭複雜環境有許多相似之處。

維持簡單

我是個「簡單」的信徒，凡事都力求簡單樸素，但還是會發現身邊充滿了複雜性。我跟朋友談過這個狀況，有人說從來沒想過這個問題，反正碰上事情該怎樣就怎樣；也有人說不會想要保持簡單，因為反正是白費力氣。但也有人跟我一樣，對此甚為苦惱。

簡單有許多優點：

- 讓我們不費力的理解事物。
- 讓事物便於記憶。
- 簡單的狀況比較不會讓人迷失方向。
- 簡單任務及概念比較容易評估。
- 事物簡單就不耗費心力，讓我們有餘裕去做別的事。
- 簡單有助於溝通。
- 簡單節省時間。

複雜的效果剛好相反。

一般來說，簡單的事情就容易做，複雜意味著困難。

不過，複雜的事物其實就是由簡單事物組合而成。所以很多事情看似複雜，其實基本結構卻是非常簡單。但是當我們專注觀察簡單的基礎結構時，很可能又會再次發現它的複雜。這個狀況，我稱之為「簡單－複雜」悖論。

複雜的稅務法規

我在演講的時候常常舉稅務法規的情形來做例子。那些經濟大國的稅法都很複雜，其中有些國家的稅務法規太過複雜確實有可議之處，但至少有一個原因是必須考量的：稅法就是要從那些心不甘情不願的納稅人組成的複雜世界中挖錢出來，而且還要顧及相當程度的公平性；所以稅法會搞得這麼複雜，也是情有可原。至於稅法顧及的公平性，各國法規頗見差異，但比方說在英國確實是很努力也很注意維持公平公正；然而整套稅法中有那麼多的規定、例外，和反例，也就變得非常複雜。

但是，各位如果只是隨機挑出一小節來看，通常會發現其中概念並不困難。就單一小節來說，只限定那一小部分其實都是很簡單的。但如果開始綜合參考其他相關章節，例如回溯之前的條文、閱讀相關規定，或深究條文用字用詞的意思，稅法的複雜性即刻倍增。然而要是碰上嚴重問題必須上法庭，長篇大論的進攻防禦和解釋，最後的依據

仍是這些條文法規。

即使我們想讓事情變得簡單一點，即使周遭事物的基礎結構都很簡單，複雜性也會不知不覺的累積起來。事實上跟著時間的推移，複雜性還有專業性及多樣性，也都會隨之而來。

> ### 財務複雜性：
>
> 財務也是從非常簡單的概念開始：你現在擁有的（即資產），可能是借來的（負債），或者是直接擁有（權益）。各位再考慮到這三大類別的借方和貸方，就開始複雜囉。況且又有許多的個人和企業，人人為己的產生許多互動，複雜性也隨之升高。等到我們允許第三方參與現在和未來的所有金融市場互動，帶來各式各樣的金融性衍生商品和保險，財務複雜性也因之達到最高。

處理複雜性是必要的生存法則

人類想要活下去，就必須處理複雜性。事實上，我們長久以來都能應付複雜性，而且處理得還不錯，有時候甚至還能利用複雜性為自己謀福利。

面對複雜性時，大腦的第一個反應是嘗試進行簡化。在處理複雜性時，簡化是個重要工具。再來我們會談到，

簡化牽涉到運用認知捷徑、刻板印象和連結，這些都是有用的技巧，卻也會造成誤導。

面對複雜性時，我們也會嘗試過濾噪音，才能把注意力擺在重要的事情上。比方說我們去參觀展覽時，身邊周遭一定會發生許多事情，但我們會集中注意那些我們感興趣的活動。另一個辦法是，在各種替代方案之間，我們會忽略掉那些類似的選項。這叫做「隔離效應」（isolation effect）。比方說我們正在找某輛腳踏車，就不會過度關注「兩個輪子」這個條件，因為腳踏車大概都有兩個輪子嘛，我們會特別注意一些不一樣的特徵，例如重量、顏色、齒輪或車燈形式等。

要是各種方法都沒用，我們會選擇退出，把頭埋在沙子裡。希望自己沒看到，最好也不要被看到。但退回撤銷的行為也不像我們想得那麼簡單。之後我們會簡單分析各種退回撤銷的形式，因為這跟財務決策也大有關係。

處理複雜性：

- 簡化　　　• 過濾
- 隔離　　　• 退回撤銷

用認知捷徑進行簡化

我們在第二章中看到，人類有時因為運用認知捷徑而顯得不理性。各位應該還記得，認知捷徑就是我們簡化決策的基本方法。

我們觀察身邊發生的事，對運作其中的力量和行為在心中形成觀點。這個觀看模式就是一種認知捷徑，可以描述正在發生的事情，也能據此預測未來動向。但認知捷徑必定是模擬現實的粗略模型，其中包含著錯誤的認知，也可能讓我們犯更多錯。

「趨勢」是金融市場最常用的認知捷徑之一。對於已經發生的事情，我們傾向於假設它會繼續發生，而且可能會持續一段時間。在許多研究中都觀察到大家都會運用「趨勢」捷徑。維納・迪邦特（Werner DeBondt）對這個主題做過非常有趣的研究，他說這種行為叫做「趨勢打賭」（betting on trends）。他發表過許多論文，其中一篇談到他對投資散戶進行調查，找到一些非常有趣的證據。他發現這些散戶對於股價的預測都是根據過去的表現，投資人往往展現出過度的樂觀，對於股價與股市的同步程度（即「貝塔值」）不是太過自信就是太過低估。

我們在第九章討論行為金融學的一些概念時，會再詳

細討論「趨勢」。

我們對認知的簡化不只是透過經驗法則,也會採用分類的辦法,把身邊所見事物分門別類。為了讓複雜性呈現某種秩序,我們會試著找出足以成為代表的事物,或者創造出某些刻板印象。這種稱為「代表性」(representativeness)的行為會在金融市場製造出很大的問題,就像現實生活偶而也會出大問題一樣。關於「代表性」的問題,我們會在第四章深入討論。

過濾雜音

周遭環境數據資料的狂轟濫炸,不斷襲來。資料本身並不重要,但它是資訊的基本建構。資訊就是我們大腦處理過的資料,是提供我們進行思考與理解的材料。每一天、每一分鐘都有大量的資料湧現,我們必須決定什麼重要、什麼不重要,哪些必須處理、哪些可以忽略。所以資料必須過濾,即使某些資料已經處理成資訊,也還是需要進一步過濾。過濾之後的資訊才能變成知識與理解,隨著時間而累積成智慧。

過濾簡化我們的生活,而且讓我們的大腦足以處理所有這些色聲香味觸法的各種感官認知,不然我們恐怕是需要一副更大的大腦才行。更深入的說,過濾通常也可以加

強我們的理解能力，因為對於資訊和概念的專注都因此提升，這些都是推動知識進步的必要條件。我說「通常」，是因為過濾有時候反而忽略重要事實或資訊。儘管過濾通常是有利的方法，我們還是要謹慎的一再評估資料和資訊。這對投資和其他研究領域都是必要的警惕。

本章開頭引用的愛因斯坦名言，就是談到過濾雜音：龐雜混亂的資料會讓人頭昏腦脹。所謂的雜音就是沒意義，可以丟棄的資料甚至是資訊。

專注於變動

大腦區分資料與雜音，判定是否需要進一步處理，還有一個重要方法是，針對變動和維持現狀做區別。

維持現狀是指事物保持原樣，沒有變化。而變動，當然就是出現變化，變得不一樣。

首先，我們來看個日常生活的例子。你正在道路上開車，這條路的時速限制是六十英里。你開在慢車道上，旁邊的車子也以相同速度前進。你看到那些車子彷彿靜止不動，或者只是緩慢的向前或向後移動。突然間，有一輛紅色的車子從快車道高速通過。你的眼睛暫時盯著它看，判斷再來會發生什麼事。那輛汽車繼續快速前進。過了一會兒，你再也看不到它，也就忘了。這時候你的大腦平靜下

來，只是被動的觀察，睜大眼睛注視前方但不特別察看什麼。你前面那輛車然後轉到快車道。這時候你再次集中注意力，觀察會發生什麼。也許你注意到身後的大卡車靠你太近，讓你覺得不大舒服。

現在各位應該知道，身邊的事物只要出現變化，都會引起我們的注意。那些沒有變化或變化不大的事物，即所謂維持現狀者，我們就不會為它耗費太多精神和力氣。這種行為機制對我們的生存非常重要。當然，那些做生意的人也早就曉得，所以商店櫥窗的展示才會常常改變。

過濾資訊避免超載

我們在進行投資時，分辨變化與維持現狀也非常重要。

投資人會接觸到海量資料，包括：印刷品資料、電視財經頻道和網路資訊等；這些資料來自：企業提供（金融商品促銷或上市公司資訊揭示）、政府、央行、學術界、新聞機構、教育培訓單位、新聞名嘴和評論員、證交所、其他投資人、街談巷議、耳語相傳等。對於這些基本資訊的分析也可以區分成許多層次，而各方專家及資訊生產者也都有各自的立場。所以對於資訊來源的本質，也必須有所掌握。**投資人必須平衡以下兩個需求：我們既需要多多獲取資訊，又要避免資訊超載並且保持理智。**所以投資人

必須進行過濾，才能找到有用的資訊。

我也試著讓自己的交易系統集中捕捉變化。我要偵測、分析和理解正在發生的變化。在不同的時間範圍內，哪些貨幣出現明顯變化？哪些股票、商品和其他資產正在發生變化？最近公布的經濟統計數字，有什麼亮點？藉由偵測及研究正在發生的變化，我會了解正在發生的狀況以及未來發展的方向，判定會有什麼趨勢形成。

觀察不同之處

處理複雜性還有個好方法是注意不同之處。之前我們曾說過，要買腳踏車的人會特別注意各自不同的特點。同樣的，投資分析師在研究黃豆產量，並不理會黃豆植株的三片葉子，而是注意不同生產者的營運方式、天氣變化、運輸狀況、肥料使用等可能影響產量的因素。只有在特殊狀況下，他才會注意那些共同因素，例如特定農場的優劣勢，例如出現非常棘手的病蟲害。這種只注意不同之處的傾向，可以節省通常都非常重要的精神能量[1]。

---

1. 我說通常是因為，有時候會把沒有差別視為理所當然，但此時這才是真正需要考慮的重要因素。

在某個程度上，這種機制和「注意移動事物」很類似，我們人類會注意不一樣的東西，而且把它看做是最重要的事物。

退回撤銷

① 拒絕

最直接了當的退回撤銷就是拒絕。面對複雜性而拒絕接受的人，通常是因為虧損或受到其他不利影響，而拒絕接受現實，拒絕跟周遭環境接觸。

巴頓・畢格斯（Barton Biggs）在《華爾街刺蝟投資客》（*Hedgehogging*）中說到傻笑吉伯（Grinning Gilbert）的往事，就是個生動例子。傻笑吉伯在一九九〇年代中期辭去基金經理人的工作，自己成立了一家避險基金，搞得有聲有色。後來他搬到康乃迪克州的格林威治，買了一幢石造豪宅，配備一個大酒窖，又請了三名技術分析師來研究金融市場。這時候他的開銷很大，家人尤其揮霍無度，但當時網路股行情正熱，市場大好。然而二〇〇〇年股市轉向，他的基金下跌十五％，合夥人開始面露憂色。到了二〇〇一年的年中，他的基金又下跌三十％，再來是畢格斯所說的：「十月初的一個星期二，經過一早上的鏖戰，他的買單下跌、空單上漲，幾個合夥人狠狠的飆了他一頓。」傻笑吉伯回家後就把自己

鎖在房間裡頭，只吃吐司、喝湯過日子，再也不出房門一步，直到他老婆出來收拾殘局，把基金解散之後他才出來。後來他們把豪宅賣了，搬到聖地牙哥去。

這個例子算是比較極端，但對這種情況可是絕佳說明。當然一般來說，拒絕接受壞消息並不會完全把自己封閉起來。我們通常只是不接受那個壞消息和它的後果而已。

我們買股票，是預期它會繼續上漲，結果行情反轉開始下跌。我們會注意到一開始的小虧損，然後認為這只是市場暫時的波動，很正常。等到虧損越來越大，我們會覺得這段時間剛好有點倒楣，很快就會結束的。不過別的股票可還是活跳跳呀！所以我們開始懷疑自己買的這支股票是不是有什麼問題。然後，就像經常出現的狀況那樣，利空消息接二連三，我們那支股票虧大了，但還是緊抱不放。

我們開始期盼事情有個轉機，會有什麼利多出現，帶走我們因為虧損的痛苦。虧損也真的越來越嚴重。於是我們把那支股票打進冷宮，跟其他那些買錯的短期投資擺在一起，現在它們都升格為長期投資，希望浴火鳳凰，總有再起之日。然後就把那支股票忘了。

② 一廂情願

各位大概都會注意到，拒絕現實的人通常會有很多一

廂情願的想法。我們要從事投資的人，一定要注意這一點。雖然明智的投資決策都要思考各種可能的狀況，但一廂情願的幻想總會超過合理範圍，因為它是配合情緒塑造出來的有利情景，我們反而認為它比現實更可能發生。

③ 確認偏誤：堅持自己是對的

比拒絕接受真相還難搞的是「確認偏誤」（confirmation bias）。

確認偏誤讓我們比較重視支持自己信念的資訊，對那些否定或產生質疑的資訊則加以排斥。先前曾說到，我們面對複雜性在進行決策時，通常把自己手邊擁有的資源看得比較重要，所以這時候我們很可能會出現選擇性認知。選擇性認知讓我們專注在我們認為重要的事情上，但也會讓我們排斥那些我們認為不重要的資訊，儘管它們很可能才是我們尋求最佳解決方案的重要資訊。

確認偏誤潛入作祟，常常是在我們不知不覺之中。要處理支持自己想法的資訊不但比較容易也更愉快，也會認為這些資訊更加重要，至於那些跟我們想法不相符合的資訊，則被不當的貶低重要性。所以，我們會強調那些支持自己想法的證據，而不是根據那些證據來建立自己的想法。確認偏誤讓我們提出的，都是答案會支持自己想法的問題。

④ 選擇性認知

不符合我們想像的證據不是遭到忽視、否認，就是必須通過更高的標準進行檢驗，比方說相信有外星人的民眾只要看到一張模模糊糊的幽浮照片就信以為真，但要他相信那張照片可能是假造，你搬出如山的證據也不夠。所以，確認偏誤常常讓我們的資訊收集失去平衡，我們的決策也跟著走進歧途。

造成確認偏誤的原因之一是避免認知失調（cognitive dissonance），這是指同時出現兩個或更多互相矛盾的想法，比方說我們原本相信不疑的事物，突然間碰上與之衝突的證據。認知失調會帶來不舒服的感覺，所以我們心裡會盡量避免這種狀況發生。

進行投資決策時，我們一定要小心提防確認偏誤。我們買下某家公司的股票，開始追蹤它發布的訊息。如果看到利多新聞當然是很高興，因為這證實我們明智、有遠見，知道要趕快買進這檔股票。萬一出現壞消息嘛，我們就會當作是一時的挫折。而競爭對手公司發布的利多訊息，我們則認為那個根本不重要。

要清晰準確的進行觀察，好消息和壞消息都要看清楚，正是每個投資人都必須具備的重要技能。必須客觀的評估

證據；事實上，尋找證據、客觀檢驗證據，檢查證據是否推翻先前的假設，就是科學研究的核心。

佛瑞效應

有些人喜歡看著雜誌上的占星專欄，有時候不禁覺得那真的寫到自己的心坎裡。你可能會聽到有人說：「這寫得真像我！」這個就是佛瑞效應（Forer effect）。

佛瑞效應也是一種主觀確認，不管是看到言語文字、標誌和符號，都被接收資訊者認定為跟他個人有關。

當他看到星座專欄說今天是個好日子、買股票會賺錢，他就信以為真、認定真有其事，可能就真的進入市場進行投資，儘管星座預言絲毫不能確保金融投資會成功。

馬廄關門

我們面對複雜性有時感到不知所措，大腦無法處理煩雜資訊時，往往只會採取過去曾經有用的行動。這種方法叫做「馬廄關門」方案（barn-door-closing solution）。

在處理複雜的投資環境時，我們通常不僅是在認知上進行簡化，也會把注意力放在財務決策時認為重要的事情上。**而分辨重不重要的方法之一，就是只注意那些有變化的事物，忽視那些維持原狀之事。另一個方法就是把特定**

狀況下覺得特殊的事物挑出來。

　　一旦碰上問題時，投資人很可能拒絕接受確實消息而退回撤銷。比方說股價下跌時，一廂情願的以為很快就會反轉，只相信可以證實信念的好消息，而且只看到自己想看的資訊。

　　雖然簡化、過濾和隔離挑選通常都能改善決策，至少可以加快決策的速度，但退回撤銷時的決策通常未臻理想。

重要概念

- 簡化
- 過濾：

  資料、資訊、知識、理解、智慧

  改變與維持現狀
- 退回撤銷：

  拒絕

  一廂情願

  確認偏誤

  選擇性認知
- 佛瑞效應（主觀確認）
- 馬廄關門

CHAPTER 4

認知：
眼見不為憑

「你可以向後回顧多遠，就可以向前眺望得更遠。」

——丘吉爾（Winston Churchill）

　　我們前面談到，因為要處理複雜的環境，很可能因此
做出一些相當不理性的行為。這一章要談的，可能是個讓
人覺得更討厭的問題：即使我們盡最大努力來理解周遭的
複雜世界，我們的認知有時候也會騙我們。

　　本章要探討許多行為金融學的基本概念，從介紹一些
認知偏誤開始，例如後見之明（hindsight），再深入討論：
錯誤對比、代表性偏誤（representativeness bias）、連結謬
誤（conjunction fallacy）、賭徒謬誤（gambler's fallacy）、
忽略樣本大小、可得性捷徑（availability heuristic）和近因

偏誤（recency bias）。這些都是我們決策時經常犯下的錯誤，也許是根據一些不相關的特性下判斷、根據假設而非事實，一廂情願的幻想應該如何如何，或是只注意到最常看見或最近才看見的資訊。我們還會因為問題呈現的方式或心裡認定的方式，就做出不同的決策。

本章還會介紹錨定與調整（anchoring and adjustment）的過程，我們會如何根據之前發生的事及我們認定的狀況，慢慢調整自己的決策。

之後的章節，尤其是在第十章，我們會運用這些概念來解釋幾個常見的股價趨勢型態。

認知偏誤

我們在第二章看到**人類決策如何受到三種偏誤所影響，**也介紹了第一種偏誤：情緒偏誤。我們也在第三章探索**認知（捷徑）偏誤，**並探討它怎麼幫助和妨礙決策的方式。我們在這一章要仔細討論第三種偏誤——**認知偏誤——**並探討它怎麼影響到我們的決策。

認知偏誤是對現實的誤解。我們看到的事物，常常不是它們原狀，而是我們想像的樣子。

認知偏誤最明顯也最普遍的例子也許就是「後見之明」。我們都知道，事後諸葛亮是多麼聰明。你可能聽過

有人說：「我就覺得很明顯嘛，谷歌一定會很成功的！」或是「我本來是要把所有的錢全部押上微軟股票啊！可是我太太不准！」，還有「很明顯嘛，第二次世界大戰的主要原因就是凡爾賽合約。」後見之明不但會讓人改寫歷史，也會讓我們覺得自己絕頂聰明高人一等。於是這會讓我們低估不確定性，並因此做出錯誤的決策。

歷史真正令人著迷之處，即是它以後見之明寫成，那些事情其實在事發的當時都是不確定的。投資也是如此。後見之明可以創造奇蹟，只是效用發揮得太晚，所以投資才會變成機率和運氣的問題。我們身為投資人，必須努力了解事實，探索成敗之機。做足了功課之後，就有希望增加勝算，不過這可沒人可以掛保證。

認知偏誤會對我們的思維和行為產生各種影響。我們在此要探討的是它們對決策的影響，尤其是對財務和金融的影響。我們必須記住，對於人類來說，我們常常以為現實就是自己看到的樣子，但這已非本來面目。因此，認知偏誤很可能產生嚴重後果，不只是對於財務決策，甚至還會影響健康。

比方說有許多種類的認知扭曲（cognitive distortion）會讓人產生消極思維，陷入各種負面情緒而難以自拔，最後因為憂鬱和焦慮而受苦。這時候需要認知治療，才能幫助

他們重新建立認知。因此,我們身為人類也做為決策者,必須意識到認知偏誤,才能對它們保持警惕。

「比較」是有害的

我們在試圖了解周遭世界時,很自然會在不同的事物之間進行比較。

為了了解某個學生的成績,我們會把他跟班上其他同學進行比較。為了了解英國石油公司的營運狀況,我們會把它跟荷蘭皇家殼牌(Royal Dutch Shell)或雪佛龍(Chevron)公司做比較。我們從中找出相似與相異之處,就能對這個學生或這家公司的表現形成看法。因此,在我們了解周遭世界時,「比較」通常是個好工具。

但是「比較」也可能讓我們陷入許多錯誤。以下來看一些明顯的例子。

我們常常直接比較某件事和另一件事。比方說,這裡有一台電視機,以前是四千美元,現在是三千美元。於是我們會覺得說,哇!可以省下一千美元耶!但實際上像它那樣的電視機現在就是三千美元啊。如果是跟過去的高價相比,好像是很便宜。但要是發現價格標示三千美元,結果一周之後卻漲到二千五百美元,我們大概就不會買,而會再繼續觀望。

我們也會把現在發生或即將發生的事，跟過去發生的事做比較。你會花五十美元買一瓶兩公升的水嗎？各位要是不曾買過這麼貴的水，大概也不會接受這種價格。但要是你困在撒哈拉沙漠，正渴得半死呢？

　　另一種錯誤是拿現在和未來做比較。跟一個月後拿一百美元，你顯然會比較喜歡現在就拿到一百美元吧。不過，如果是現在拿一百美元，跟一個月後拿一百一十美元呢？大多數人還是會選擇現在就拿一百美元，雖然一個月後的利率其實高達十％。有許多實驗顯示，我們對於未來的收益都會打很大的折扣。這就是很多人寧可現在就把錢花掉，不想為退休而儲蓄的原因之一。

代表性偏誤

例子：

　　琳達一定是行為金融界最出名的小姐。她原本是特沃斯基和康納曼為一項重要實驗設計的主題人物，其身分特徵如下：

　　琳達今年三十一歲，單身，直言坦率，非常聰明。大學主修哲學，學生時代對歧視與社會正義問題非常關注，而且曾參與反核示威活動。

　　那麼以下陳述，哪個更有可能為真？

① 琳達在一家銀行工作。

② 琳達在銀行工作，而且積極參與女權運動。

　　各位是不是選了第二個？如果不是的話，你就是少數正確的人之一。

　　很多人會把琳達歸類為答案「②」的女權運動者，這是因為根據問題的陳述，那些特徵跟我們想像中的女權運動者很類似。

　　代表性偏誤讓我們看到某些特徵就把人物或事物歸到某個特定分類，因為那些特徵跟該分類似乎完全匹配。這是因為我們不根據事實和機率來做判斷，才會受到這種偏誤的不利影響。這是根據刻板印象（stereotype）下判斷。

　　選擇答案「②」的人把琳達歸類為女權運動者，是忽略了機率問題。琳達在銀行工作的機率，要比她在銀行工作而且還是活躍的女權運動者要高得多。所以答案「①」的可能性比答案「②」更大。這種代表性偏誤，其實也可說是代表性認知捷徑，也就是根據特徵做決策，但機率在此被忽略了。

　　琳達的實驗例證也可以用來說明「連結謬誤」是什麼。按理說，一般條件的涵蓋率會比特殊條件還要大。比方說，「男性」必定比「戴眼鏡的男性」還要多[2]。而「連結謬誤」造成的誤導是，我們會以為特定條件的人（戴眼鏡的男性）比一般條件（男性）更常出現，儘管後者更多。

2.「奧坎剃刀」（Occam's razor）法則也是同樣道理，它是說：在所有條件相同的情況下，最簡單的假設或最簡單的解決方案通常就是最好的方法。以我的舉例來說，如果你不曉得來者何物，那麼它更可能是個「男人」，而不是「戴眼鏡的男人」。「奧坎剃刀」也叫做「簡約法則」（即拉丁文的「lex parsimoniae」）；這是指其核心意涵爲「簡約」，不是說首倡者奧坎的威廉（William of Ockham）很小氣。雖然他就是托缽乞修教團方濟會（另一個是道明會）的化緣修士。

這是什麼類型的投資？

金融界裡頭，就算是專業人士也常常犯下代表性偏誤。

比方說，為了應付大型證交所有數千家上市公司的複雜性，我們通常會把這些公司的股票區分為成長股、收益股或價值股。然後每個分析師、每家號子也都會有自己的分類，而這樣的分類往往掩蓋掉許多不同之處。

例如，要是甲公司和乙公司都屬於成長股，我們往往會以為這兩家公司一定很類似。但每個投資人都應該要特別注意：這兩家公司雖然都是成長型股票，但它們的狀況很可能非常不同，也必定是受到不同因素的影響。其中一家可能是太陽光電類股，另一家說不定是跟政府有關的物流產業或做代工。這兩家公司目前雖然都在成長類股的領域，但兩家企業的影響因素很可能大不相同。

避險基金的情況也是如此。如果你正在操作避險基金的基金，要在數千支避險基金中做選擇，也要採用某種分類，才能簡化工作。開始進行分類，才能衡量不同類別的表現，而靠著這個辦法你對那些避險基金才能形成某種看法，知道要挑選哪些避險基金進入你的投資組合。

例如，瑞士信貸特雷蒙避險基金指數（Credit Suisse/Tremont Hedge Fund Index）是第一個避險基金的資產加權

指數，它就根據各自不同的投資風格來對避險基金來進行分類。這個分類系統後來就成為業界標準。參見表 4.1。

表 4.1　根據避險基金投資風格的瑞士信貸特雷蒙分類

瑞士信貸特雷蒙避險基金指數（Credit Suisse/Tremont Hedge Fund Index）

為了建構指數，瑞士信貸特雷蒙根據避險基金經理人的風格區分成以下十大策略：

❶ 可轉換套利：
利用可轉換證券及標的股票之間價格走勢差異進行套利。

❷ 空頭策略傾向：
專門拋空後市看跌的股票及衍生性金融商品投資組合。

❸ 新興市場：
以全球新興市場的股票及和固定收益投資為標的。

❹ 聯動性中立策略：
選擇大盤聯動性（即 beta 值）不高或比較不受匯率升貶影響的股票，進行多空部位的沖銷操作。

❺ 事件驅動策略（譯註：這裡的事件其實是指出現財務危機的上市公司，例如頭寸軋不過來，出現跳票，那麼股價馬上會暴跌，專做「事件」股的基金就會跳進去買）：
操作策略偏重艱困企業股、高收益債權、D 條例（Regulation D；譯註：這是指免除上市手續的私募發行，都是一些小公司的股票）及風險套利。

❻ 固定收益套利策略：

專門利用市場無效率進行債券操作。

❼ 全球宏觀策略：

定向性總體經濟戰略。

❽ 多空股權策略：

定向性股票及股票衍生商品策略。

❾ 管理期貨：

通常以技術分析或市場分析進行上市期貨操作的策略。

❿ 綜合策略：

多種策略綜合。

資料來源：瑞士信貸特雷蒙避險基金指數，www.hedgeindex.com

　　雖然這樣清楚俐落的分類非常有用，但避險基金經理人的風格多變，也是大家都知道的。他們的投資風格也許是從多空股權策略開始，但一年之內又發現什麼新方法，覺得可以靠它獲得市場優勢，也就毫不遲疑的大膽轉進，結果到年底時的投資組合又變成股票市場中立策略。這時候要綜合評估比較避險基金的表現當然就傷腦筋啦！所以有些人會把中途改變風格的基金排除在投資組合之外。

　　這表示在行為金融學脈絡下，分類雖然非常有用，對投資管理及指數建構也非常重要，但在具體投資決策時，還是要深入探索及研究事實，不能光靠著分類就大膽冒進。

溫拿與魯蛇

我們都知道好事傳千里，好名聲通常也都會流傳開來。一個人要是被認為是贏家溫拿勝利者，好像也就特別容易再獲得成功。但很不幸的是，壞事照樣也是傳千里，如果被看衰成為輸家魯蛇失敗者，往往也會繼續倒楣下去。

各位可能會驚訝的發現，上市公司雖然一直都有投資分析師在做追蹤和研究，但上述觀察也很適用。雖然分析師常常對最近的贏家過度評價，但那些輸家最常出現的情況是，就算投資分析師已經改變看法，散戶還是遲遲未有反應，不願馬上承接之前表現不佳的股票。這也是事件驅動型（event-driven）避險基金特別喜愛操作艱困股的原因之一。

改變看法

「華爾街分析師調降股價預期時，通常是為時已晚，投資散戶已經來不及逃命。各位曾經看過多少次，企業才發布讓人驚訝的糟糕營收，股價馬上崩跌，然後各家號子才調降那檔股票的投資等級。或者是有某支股票突然從高檔滑落，也許都已經跌掉五十％，然後券商才慢吞吞的把『買進』調降為『觀望不動』。那種建議對於短期甚至是

中期的交易有什麼用處？所以說，基本分析只適合做長期投資，對於短期決策毫無用處。」

——摘自《麥克米倫談選擇權》（*McMillan on Options*），羅倫斯‧麥克米倫（Lawrence G. McMillan）著

捲土重來未可知

迪邦特和泰勒的兩項有趣研究顯示，連續三年蟬聯超級輸家的股票，在未來三年的表現會輾壓過去三年的超級贏家。正是因為過去的失敗者常常遭到忽視，所以有一種投資策略是建議大家買進去年的落水狗。

這種投資策略之一叫做「道瓊狗股」（Dogs of the Dow）。這是以道瓊三十種工業股價指數的採樣股票為基礎，每年按股票殖利率（dividend yield）的高低做排行，然後挑選前十檔股票做投資。股票殖利率高的股票，就表示股價相對偏低，所以這些股票其實都是去年的「輸家」。要是過去的輸家真的常常勝過贏家，那麼表現最差的十支股票在未來一年內應該會比另外二十檔股票表現得更好才對[3]。

---

3. 還有些投資專家推薦「小狗股」，只挑選前五檔股票來投資。

「道瓊狗股」這個方法多年來表現還算不錯，雖然也有不盡理想的時候[4]。當然這種方法在任何一種股價指數上都能應用，包括採樣本更大也更受歡迎的指數，例如美國的標準普爾五百指數（S&P 500），或是英國的金融時報一百指數（FTSE 100）。但它通常應用在道瓊指數是因為，這本來就是先在美國出現的方法，而且過去沒有電腦的時代，只處理三十支股票可就容易得多。另外，大多數研究論文都忽略了一點：道瓊指數的表現通常是比標準普爾五百指數還好。

　　附帶一提的是，在行為金融學盛行之前，「道瓊狗股」這套方法很受歡迎。這表示很多投資策略其實都是根據以前的觀察，但現在都要通過行為金融學的檢驗才可以嘍！

賭徒謬誤

　　以下問題各位可以拿去問任何人：

　　如果我們投擲一枚公正的硬幣，人頭朝上的機率有多少？

　　許多人都會回答說，人頭朝上的機率不就是五十％。

　　的確，我要是投擲的次數越多，就會越接近五十％的神奇數字。

---

4. 各位可在「www.dogsofthedow.com」找到這個投資方法的相關資料，裡頭也包括「狗股」和「小狗股」的結果。

但是，各位請注意！這是投擲很多次、很多次才會出現五十％喔。我要是只投擲十次，也許會出八次正面、兩次背面，或三次正面和七次背面。但各位一聽到這個問題時，顯然，真的是「顯然」會覺得應該是五十％吧。

　　這是風險、回報、期望和一堆常常讓人搞錯的常識最迷人的地方[5]。其中的重要教訓是：儘管大數據會顯示某種有效的既定規律，但樣本數如果太少就未必準確。

　　這裡正是會讓我們直接掉進賭徒謬誤的陷阱。

　　首先來看個實驗例證。

　　我投擲一枚公正的硬幣，得到以下結果：

　　第一次投擲：正面

　　第二次投擲：正面

　　第三次投擲：正面

　　第四次投擲：正面

　　第五次投擲：正面

　　第六次投擲：正面

　　第七次投擲：正面

　　那麼，我第八次投擲會出現什麼？你的直覺說是什麼？

---

5. 關於我們人類怎麼努力揭開風險的迷人歷史，我推薦各位閱讀彼得‧伯恩斯坦（Peter L. Bernstein）的名著《風險之書》（Against the Gods）。

你要是說「背面」，那就是掉進賭徒謬誤裡頭。你要是覺得「應該是背面」或者「不會再是正面」，甚至開始懷疑這枚硬幣有沒有問題，那就是屈從賭徒謬誤了。其實第八次投擲的機率，也是一半一半。

賭徒謬誤是我們以為眼前特定狀況也在大數據之中，讓我們做出某種對應行為；但那其實是在大數據裡頭才有效。

這其中也有代表性偏誤。我們認為特定的這一次——第八次投擲硬幣——應該會對之前所有的結果（都是正面）做出補償，所以出現背面的機會更高。但這是大數據樣本才能達成的平衡，並非單單一次就會出現！於是我們以偏概全，再次踏進代表性偏誤的陷阱。

賭徒謬誤的陷阱

賭徒謬誤有時候非常微妙，大家都要特別小心。比方說，現在有某公司獲得一種讓男女大眾青春永駐活力無窮的仙丹妙藥，那麼這支股票可就漲翻了。不過我們曉得，股價有漲有跌，最後總要回到平均值啊，所以我們預期這支股票也很快就會回落。

但各位可能大失所望！因為它後來搞不好連漲好幾年，都沒有明顯下跌的跡象。

可以用在股市一般狀況的大數法則，未必也適用於特

定時間的特定個股。這就是我們掉進賭徒謬誤的陷阱，才會一廂情願的預期股價就要下跌了。

不要賭博！但若不得不賭一下，也請記住這一點！

當我們不斷反覆投擲，次數持續增加時，就會越來越逼近大數法則。

所以賭場的勝算要是比賭客多五％，那麼你每次拿出一點點錢，跟它賭越多次就越不可能贏。但你要是狠狠的一次全押上去，搞不好就能碰上好運大賺一票。

長期而言，那些小額賭注都是給賭場送錢啦。只有咬牙狠押一票，才可能博得好彩頭。

誇大擴張

我們也常常犯下一種相反的錯誤，這種錯誤也算是代表性偏誤的一種，但剛好是逆向運作：我們常常把小群組的特徵誤歸給較大群組。

我們常常以為從小樣本觀察到的特徵，可以代表全部人口。這個有時候被叫做「小數據法則」，但實際上應該叫小數據錯誤。有些專家說這是忽略採樣本大小所致，因為在統計上採樣本必須夠大，推論判斷才會有效。

這個在現實生活中也有很多例子。在金融界可能以這種形式出現：

問：「你認為我應該投資哪種股票？」

答：「買科技股啊！你知道微軟和谷歌這幾年漲得多厲害！」

科技股雖然有這兩個優等生，不代表所有科技股都是優等生啊。但在做出這種錯誤的推論時，我們常常忽略採樣本其實很少。

可得性捷徑

在投擲公正硬幣的實驗例證中（也許是想丟出背面），我們要先了解到，最先想到的答案未必正確。我們的自動反應常常跟合理判斷很不一樣[6]。我們在當下那一刻做決策時往往未及深思，要有時間思考才會想得更合乎邏輯。

可得性捷徑（availability heuristic）即我們藉由身邊最容易取得的印象來做結論的方法，這時候的結論根據並非統計事實。我們經常聽到的建議就是「善用手中擁有」的資源或資訊。所以這其實就是我們的思維運用可得性捷徑在做決策。

---

6. 關於這一點可參閱麥爾坎‧葛拉威爾（Malcolm Gladwell）的《決斷二秒間》（Blink: The Power of Thinking Without Thinking）有更多討論。

哪一個更可能發生：被鯊魚吃掉，或是搭飛機墜毀喪命？

自從史蒂芬・史匹伯（Stephen Spielberg）的《大白鯊》（Jaws）系列上映之後，我猜大家都會選第一個吧。如果是像我這種從小就在海邊游泳的人，更是會這麼覺得。因為第一個的樣子比第二個更緊張刺激、更讓人覺得震撼，也就更容易吸引心智思維引用，讓我們以為更有可能發生。事實上，搭飛機墜毀的機率，要比在海裡被鯊魚吃掉要高得多。

哪一個死亡人數比較多：自殺還是他殺？

一樣的，我們在電影、報紙上，都常常看到凶殺案，但自殺案件相對就少了。所以各位要是以為凶殺案比較多，那你就錯了。

哪一個造成更多人死亡：恐怖分了劫機、飛機失事，還是車禍？

飛機失事很戲劇性，劫機更是驚人。各位要是懂得選擇最後一個答案，那你就對了。到目前為止。

所以，我們現在都要了解，最容易想到的未必是統計上最容易發生，很可能只是因為它最緊張最刺激、最讓人害怕、最震驚，或者是因為大多數新聞媒體的關注。那些容易獲取的圖像或印象，都可能對我們的風險評估帶來嚴重扭曲。

最好的投資基金

可得性捷徑在金融服務業還是非常強大。共同基金的廣告就是明顯的例子。

共同基金公司的媒體廣告，通常都是以富裕階級和投資顧問為對象。那些有錢人一旦有閒錢可以投資，你覺得他們首先會想到什麼呢？那些投資顧問為了提高客戶投資組合的多樣化，必須找到一些表現優秀的基金，你覺得他會先去查看哪些基金公司？當然會先找那些廣告打很大的基金公司，因為這會是他們最先想到的。

打廣告的共同基金公司未必就是表現最好的基金，就算是投資組合表現確實不錯，但要花錢打廣告，總會讓它少賺個一兩趴吧。加上這些基金常常在投資人的眼前翻翻起舞，所以大家還是會先想到它們。況且投顧要是推薦這

些打廣告的基金，很可能客戶也都已經聽說過了，會覺得比較熟悉。

針對封閉型基金，學者專家曾做過許多研究。這種基金就像英國的投資信託，通常以投資組合的折價在公開市場上買賣交易（有時是溢價）。封閉型基金通常都是專門投資某個特定領域，例如個別地理區域或國家。研究顯示，特定國家的利多或利空消息，也會直接影響與該國有關的基金價格漲跌。也就是說，新聞媒體帶來的「顯著性」發揮了重要作用。所謂的新聞顯著性，可以透過報紙媒體本身的權威性、新聞出現的版面（頭版最具威力）以及報導篇幅的大小來衡量[7]。

近因偏誤

近因偏誤也類似於可得性捷徑。

近因偏誤的影響是讓我們更重視最近才發生的事情，認為它們發生的可能性會高於久遠事證。這其實是因為最近發生的事情更容易被看到和留下印象，所以才會更有影響力。

---

7. 相關例證可參閱：Klibanoff, Lamont and Wizman, 1998, 'Investor Reaction to Salient News in Closed-end Country Funds,' Journal of Finance 53: pp. 673-700.

有一家共同基金在二〇〇二年至二〇〇五年表現一般，但二〇〇六年至二〇〇九年勝過股價指數。你認為它在二〇一〇年表現如何？

當然，如果沒對這家共同基金進行更多研究，我們無法真正了解、也無法做出適當預測。但因為它最近表現很好，因此假設它在二〇一〇年仍然維持強勢也算是合理預期。這樣猜測的唯一根據，就只有那支基金最近的表現而已。所以，除非我們可以找到更多資訊追蹤探索，不然就只會拿最近事例做證據。

維克多·倪德厚夫（Victor Niederhoffer）在他非常有趣的著作《投機客養成教育》（*The Education of a Speculator*）中說到他爺爺馬丁的故事，他是在李佛摩指導下學習投機的。一九〇〇年代初期，受過訓練的馬丁很積極的做買賣。後來股市在一九二九年及一九三一年大崩盤，在經濟大蕭條之後馬丁開始變得焦慮，一賺錢就跑，漲幅總是不超過十％到十五％，就怕跑得太慢又碰上崩盤。他就是這樣在大崩盤的陰影下做交易和投資，結果虧損逐漸吃掉原本還算及格的獲利。就是那種焦慮讓馬丁不敢再次站上大多頭行情的浪尖，然而美國股市其實在一九八七年之前都沒再出現大崩盤。

---

8. 各位在看實驗例證時請放輕鬆。我在這裡問的問題，通常也都沒有什麼正確答案。就算有，大概也沒什麼人知道或不大明顯。不然我幹嘛問你呢？這些實驗例證，通常只是要讓各位明白你的初始反應和思考過程。

心靈人質

代表性偏誤、賭徒謬誤、可得性捷徑和近因偏誤，可說都是我們為未知事物建立秩序的一些常用方法。這樣建構出來的秩序，至少會為我們提供一個思考架構做為起點。這個就算不是知識，至少也有點類似知識的感覺，會帶給我們足夠的動力去持續深入探索，就有希望發現更多。

我們對琳達所知甚少，所以會把刻板印象套在她身上。我們對特定股票知之甚少，所以就以為它跟同類股票大概是一樣。我們不知道哪種死亡方式更常見，只覺得鯊魚比墜機還可怕。我們不曉得哪支基金最好，所以選擇平面媒體或電視上最常見的那家。我們不知道市場走向何方，所以經歷過一九二九年大崩盤或二〇〇七年至二〇〇八年金融危機的人，就常常會覺得股市要跌了。

不過我們的認知還會用別的方式騙我們。

請各位看看底下這張圖：

圖 4.2　一本翻開的書

各位大概馬上就知道這是一本書，或者是一本小冊子。不過，你看到的是這本書是對你打開嗎？或者它是背對著你，你看到的是書的封面？

這個簡單的實驗例證讓我們知道，我們對事物的理解是在脈絡中進行的。很少事物可以單獨存在。比方說，人的高矮，是跟身邊的人比較出來的。我在小人國是個巨人，到了大人國又變成迷你人。

大腦需要一個背景或者說是架構，從許多方面為自己設定界限。而我們看到、觀察到的事物，通常也就是在這些限制範圍之中。也就是因為這種思考方式，才會有跳出既定思維、跳脫思考框框的說法。

除了以下要討論的架構偏誤（framing bias）之外，我們還會研究我們思考的另外兩個限制：心理帳戶（mental accounting）和錨定（anchoring）。

這三個限制對於第九章要討論的股價支撐與壓力都非常重要。

①架構偏誤

外交官員對架構偏誤頗有認識，國際重要會議通常需耗費許多時間來討論議程。議程就是整場會議的架構，開會能談出什麼結論，通常就是取決於設定議題的討論架構。

開會期間要有人提出原本不在議程上的主題，通常也會遭到摒棄。這就是議程或者說是架構的重要之所在。

所謂的「架構」就是理性選擇的呈現方式。我們提出一個問題，這個問題的意義和回答這個問題的決策，通常也有賴於整個背景脈絡和呈現方式。

架構通常會導致偏好的逆轉。特沃斯基和康納曼透過一系列「亞洲疾病問題」的實驗研究證明這一點。那些由醫生組成的實驗小組被問到，假設現在有某種亞洲罕見疾病襲擊美國，預料將會導致六百人死亡。此時醫生們要從幾個替代方案中選擇最好的辦法。特沃斯基和康納曼的調查發現，醫生對於方案的偏好，其實是受到問題的呈現方式所左右，例如問題是以「能拯救多少人」或「造成多少人死亡」來表達。

僧侶

僧侶跟修道院長的對話，可以讓我們了解架構如何發揮作用。比方說，想抽菸的僧侶會問院長說：「我吸菸的時候也可以祈禱嗎？」他不會先問說：「我祈禱的時候可以抽菸嗎？」因為他覺得抽菸好像是貶損了祈禱的莊嚴隆重，院長可能偏向反對。此外，他覺得祈禱總是有好處，在吸煙時也想要祈禱，還算值得鼓勵。所以他會選擇以第

一種方式來提出問題。

裁縫

架構是思考方法的基礎。有個故事說,薩維爾街有兩個裁縫,兩人名字都叫庫伯,都在同一條街開店,而且就在隔壁。其中一人掛出「庫伯精緻裁縫」的招牌,另一位也準備掛出「庫伯西裝訂製」的字樣,但他後來想出個好辦法,把對手的招牌也一併利用了。他掛出的招牌寫說:「庫伯完美剪裁——正門請進」。各位要是去薩維爾街找裁縫,也聽過庫伯的名號,這會兒您可找到啦!

樂觀派、悲觀派和投資人

我們會說誰是樂觀派或悲觀派,通常就是指他們進行決策時的背景脈絡,也就是他們的思維架構。

樂觀派認為冒險和風險會帶來獎勵,但悲觀派只會看到不安和虧損。因此,決定要不要投資,就是在這種思維架構中進行。樂觀派可能傾向投資,希望獲得最好的結果,而悲觀派只想遠離風險,把現金留在銀行,這好像才是最安全的選擇。做為一名投資顧問,我發現架構偏誤是我們做出錯誤決策最常見的原因之一。

在這種情況下,架構偏誤有兩種主要形式:

❶ 以明確時間區隔，如按月、按季或年度，來呈現投資組合的操作績效。

對於投資組合績效，投資人通常會受到報告的呈現方式影響。如果投資人是一年收到一次報告，那他注意的就會是整整一年的表現。如果是按季收到報告，則傾向於評估每三個月為單位的表現。要是按月收到報告，就會以每個月份做為時間區隔。投資人甚至也可以決定每周六自己檢查投資組合績效，或者是他有線上帳戶即可每天、甚至每小時親自查看投資組合的淨值。

正常來說，如果投資人心態正確，頻繁查看行情是不會有什麼問題。但實際上，時常收到行情報告很容易帶來焦慮，而焦慮往往導致投資人更頻繁買賣證券，在不該進出時輕舉妄動。

比方說，如果是為了退休養老進行投資，必須進行長期操作。那麼這位投資人就應該採取長期的時間幅度來查看行情，而不是像個投機帽客那樣整天注意自己賺了多少錢。長期投資不必費心處理每日每夜那麼多的資訊，只須把握投資組合的幾個重要方面即可[9]。

---

9. 美林公司（Merrill Lynch）的理查·伯恩斯坦（Richard Bernstein）曾寫過一本書《穿越噪音》（Navigate the Noise）討論這個問題。這本書適合長期投資人閱讀，傳授工作之餘利用閒暇時間照顧投資組合的技巧。

因此，長期投資人就必須從長期角度來衡量投資績效，這是非常重要的。

❷ 在投資組合中，以單一貨幣或證券來衡量投資績效。

另一種常見錯誤是過度關注投資組合的特定部位。

不管在什麼時候，一個維持平衡的投資組合總會有表現良好的部位，也會有表現不佳的部位。而我們必須同時注意證券本身和它們的計價貨幣。

如果是進行長期投資的投資組合中，有一部分因為幣值走貶而下跌，並不代表整個投資組合都必須清算結會，或要把所有股票全部賣掉。此時行情欠佳的部位，應該放在整個投資組合的架構下來觀察與衡量。而不是把那一小部分當做是整個投資組合的代表，或者是把它當做是應聽從建議的代表。

正確架構

在檢查投資績效時，先問自己三個重要問題：

❶ 時間架構要怎麼設定？

❷ 投資組合確實由哪些成分組成？是否考慮過別家公司的投資組合？是否考慮過其他擁有的資產，例如房地產？

❸ 比較投資組合績效，是否採用正確標準？比方說，把國際型投資組合拿來跟標準普爾五百指數做比較，就不是正確作法。

先問這三個問題，可以幫助各位在適當的思考架構下做決策。

②心理帳戶偏誤

我們有一種偏誤，是把資產歸類在單獨的心理帳戶裡頭。一些經濟成果也一樣會歸類在類似的心理帳戶。這種心理帳戶偏誤相當普遍，並且某種程度上是從架構偏誤衍生出來的。

我們心理上考慮到金錢的方式，也會影響我們的行為，包括我們的消費模式。比方說某個交易員剛碰上虧損，如果他只看這一天的績效，也許就讓他更加厭惡風險，為了避免造成更多虧損，他很可能就不敢再進行交易。然而遭遇到同樣虧損的另一位交易員，如果是從整周或整個月的角度來看待單單一天的虧損，很可能心態就會不一樣，特別是如果幸運的話，與更長期累積下來的獲利比較，這個虧損的幅度只是微不足道。

大家都記得小時候養過小豬撲滿，學習存錢吧。我們

從小學會的就是，不要把所有錢都花掉，要為將來省下一點，以後如果想買個大玩具，就不必哭鬧哀求爸媽。然後我們也漸漸會開始區分收入和資金。資金要累積保存，收入先撥出一部分儲蓄，剩下的才可以花掉。

這些都是財務的基本概念。比方說，謝佛林（Shefrin）和泰勒（Thaler）建議我們把收入分配為三個分類：

❶ 當前收入
❷ 資產收入
❸ 未來收入

我們會從第一大類花用最多，但對於未來收入就很不願意支用，即使知道這些收入以後一定會到來。因此，我們對於現金流量會做怎樣的分配，也會決定我們實際上的花用方式。

投資房地產

行為金融學研究大多把心理帳戶視為偏誤，認為它偏離邏輯。了解金融的人都知道錢是可以互換的，這一塊錢和那一塊錢可以互相交換，沒有什麼不同。所以把某一部分的金錢看作是特別重要、不可替換，對於財務思考來說就是不合邏輯，而且把錢做了不同分類、存在不同的小豬

撲滿，好像也一樣沒道理。但是我們在檢視財務狀況時，的確對不同的物件會有不同的感覺，對不同類別的金錢也會有不同的保護措施。那些類別畫分也許是沒什麼道理，但通常還是非常小心謹慎。

房子提供遮蔽居住。各位要是沒有自己的房子可以遮風避雨，那麼就得花錢才有地方去，比方說跟人租房子。長久以來很多人都以為，擁有自己的房子只是有個擋風避雨的住處，但隨著房價高漲，尤其是在二〇〇七年之前的十年間，很多屋主對房子的心理盤算都變得不一樣，開始把自己的房子當做是投資資產。在那十年的大部分時間，貨幣當局維持利率偏低，因此推升房價上漲，更加速這種心理帳戶的變化。

那時候很多人拿房子去抵押借錢，又去買一些別的東西，有人花錢是為了享樂，也有人是拿去投資，或許又買進一、兩套房子，然後又借了更多的錢。這種心理帳戶轉變的結果是，一旦房價崩跌時，很多人無力償還抵押貸款，不但投資血本無歸，甚至連原本不必花錢租賃的房子都沒了。所以，跳脫框架思考雖然很有啟發性，但還是需要腳踏實地小心謹慎，別太異想天開。

③錨定與調整

喬治·古德曼（George Goodman）以筆名亞當·史密斯撰寫的投資經典《金錢遊戲》[10]（*The Money Game*），告訴我們史密斯先生的故事：

> 以前有個非常精明的老紳士，我們就叫他史密斯先生吧。史密斯先生非常厲害，年輕時就投資了一家叫做「國際製表機」（International Tabulator）的公司。史密斯先生對這家公司很有信心，而那家公司後來改名「IBM」，公司成長茁壯蓬勃發展，股價一路高漲。史密斯先生和史密斯太太後來有了孩子，當孩子長大後，史密斯先生對他們說：「我們家有『IBM』的股票，這是全世界最大的成長型企業。我在『IBM』才投資兩萬美元，但那兩萬美元讓我變成百萬富翁。不管我以後發生什麼事情，也不管你以後會做什麼，都不要賣掉『IBM』的股票。」

---

10. 這本書寫得既幽默又散發出獨特魅力，由於對投資人及金融相關人士的敏銳觀察而成為經典作品。我在職業生涯的不同階段曾數度閱讀本書，從一開始的會計系學生、自己擔任財務顧問、後來擔任投資顧問忙著服務客戶，一直到最近在撰寫本書的時候。我每次閱讀，總是會找到過去從沒注意過的全新角度，再次獲得啟發。

史密斯先生說得對嗎？假設是在一九九七年，我們正在決定投資組合是否要買進「IBM」的股票。

　　圖 4.3 是「IBM」在一九九一年初到一九九七年中的股價走勢。一九九一年底時，股價大概是二十五美元，隨後在一九九三年暴跌到十美元。這可是掉了六十％啊，史密斯先生地下有知一定很傷心。

　　不過，股價在一九九七年初又漲到五十三美元，這一段大多頭漲幅達到四百三十％。

圖 4.3　「IBM」股價走勢，1991 年～ 1997 年

那麼，現在各位要研究「IBM」，看看是否接受史密斯先生的建議，把你辛苦賺來的血汗錢投資在這檔行情上沖下洗的股票。你會以五十美元的價格買進「IBM」股票嗎？

你可能會反駁說，史密斯先生和其他投資人都很清楚「IBM」股價的長期變化，所以為了讓各位覺得更公平一點，我們再回溯「IBM」過去十年的股價走勢（圖4.4）。

圖 4.4　「IBM」股價走勢，1987 年～ 1997 年

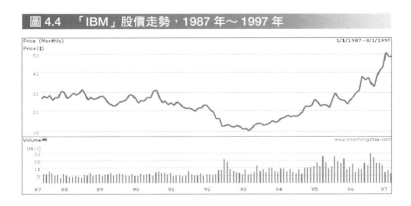

各位現在可以看到更長期的股價走勢，知道一九九三年的十美元的確是過去十年來的最低價，然後才逐步回升拉高。

不管史密斯先生可能會說什麼，一九九七年的五十美元可說是相當高檔了。僅僅四年前才十美元啊，而且過去的十年裡頭最多也不過就是三十美元。你會覺得，這檔股票不應該超過三十美元，頂多就三十。

你打電話給一個朋友，他是股票經紀人，他說「IBM」和科技股的展望看起來非常好，五十美元算是公平的價格。你說你看過股價走勢圖，以前從沒超過三十美元太多，而且還曾經跌到十美元啊。他說過去的價格是反映公司和市場過去的困難，但那已經是多久以前的事了！不能靠那個來判斷現今股價應該是多少。

　　你仔細琢磨朋友的意見，再盤算一下自己認可的價格。現在你決定，只要不超過四十美元就可以。可是現在已經在五十美元上下啦，所以你決定再找找看別的股票，「IBM」就甭買了吧！畢竟史密斯先生只是個虛構人物，自己的血汗錢可都是辛苦賺來的。

　　好。那麼現在再來看一下圖4.5，看看這個推論對不對。

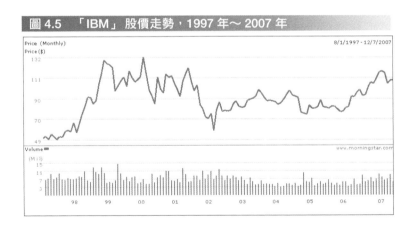

圖4.5　「IBM」股價走勢，1997 年～ 2007 年

你認為一九九七年五十美元還太貴呢！結果它在二〇〇〇年科技股崩盤之前，曾經飆到一百三十二美元，漲幅一百六十四％。崩盤以後，股價又在二〇〇八年七月中旬攀升到一百三十美元，最後在二〇〇八年底又回到了八十美元。

　　那麼，各位注意到自己的行為，有什麼看法呢？

　　在看到第一張圖時，我們的思考會錨定在十美元，也就是那個最低價。然後對二十五美元那個價格的重視，大概只是當作參考點，來凸顯後來跌到十美元是多麼嚴重。

　　我們看到第二張圖，會獲得另一個價格參考點，但這次是跟上漲有關，也是「IBM」股價在一九八七年到一九九一年間在三十美元附近來回波動。所以現在我們會有兩個參考點，行為金融學稱之為「錨點」（anchor），讓我們知道現今的股價到底是高是低。

　　一九九七年的價格大概是五十美元，我們在假設中似乎已經認定太高。跟三十美元比，它當然太貴，要是跟十美元的谷底比，那是很貴！

　　我們並不是檢查基本面、進行適當的評估之後，才認定股價太高。我們是拿它跟過去的價格比，光看到五十美元的價格就認定它太高，跟本章開頭說買電視機時一樣。後來股票經紀人朋友告訴我們說那個價格算公平，我們也

就願意多付點錢,但還是擺脫不掉錨點的牽制。所以我們雖然願意調整價格,但又調得不夠,只是把錨點從三十美元改為四十美元而已。

在行為金融學裡頭我們經常會看到,「調整」來得太晚又太少的情況。我們的思考都會以某種事物當錨點,也許是個具體形貌或是一個刻板印象,透過這個錨點的比較來觀看現實。這個例子正好說明「錨定與調整偏誤」(這就是它的名字)在我們的腦子裡是如何運作。

錨定作用是非常厲害的。假設各位坐在一個轉動的幸運輪盤前面,這時有人問說非洲國家在聯合國占多大比例。幸運輪盤停在數字「十」,而你回答說非洲國家在聯合國裡頭大概占二十五%吧。當然,你會覺得輪盤上的數字「十」,和你選擇的百分比「二十五%」,應該是毫無關係吧。

這個其實是特沃斯基和康納曼實際做過的實驗。讓人非常驚訝的是,輪盤上的數字好像真的會影響我們選擇的百分比,儘管這兩者毫無關係,而且輪盤會轉到哪個數字完全是偶然。特沃斯基和康納曼指出,看到輪盤數字為「十」的小組,百分比估計的中位數為二十五%,但看到輪盤數字為「六十五」的小組,估計中位數卻是四十五%,比前組高出許多。

對錨定與調整還做過許多有趣的實驗,其中有個實驗

指出，某幢房子標示的出售價格甚至會影響專家對別的房地產價值的預估，雖然只有八％的專家坦承，光是看到那個售價標示，它就成為影響估價的三個首要因素之一。

在投資決策中，錨定與調整都發揮非常重要的作用。

認知偏誤與投資

決策要依靠的是，我們對於周遭現實怎麼認知。

例如在投資方面，我們常常會發現，金融服務業者提供的策略，主要都是最近曾經發揮功效的方法。所以提出這些策略，其實也就是後見之明。但是在金融市場裡頭，最近有效的辦法也不能保證現在也有效。在我們為未來做決定時，後見之明的效用十分有限。

我們的財務決策也常常是根據比較，但對此必須很小心謹慎，才能做出正確結論。並不是每個新興市場都像中國那樣漲個不停，也不是每家網路公司都會像谷歌那樣蓬勃發展，當然能源公司也不會都像安隆（Enron）那樣是個騙子。

代表性偏誤常常讓我們依靠刻板印象做決策，而不是透過公司基本面或真實情勢。如果只看企業高層像個網路怪咖，就押寶這家創投網路企業有前途，那就太蠢了。

我們也常常看到企業因為一些薄弱的理由，而被錯誤

歸類。我們所說的價值股，應該是可以提供良好收益的股票，所以成長型股票往往也都是價值股。但是歸類和定義方式，經常導致投資人陷入代表性偏誤而做出錯誤決策。

我們經常假設大數據和大樣本法則，也會適用於小數據和小樣本。我們常常看到有些人隨便亂買股票，因為「長期而言，股市一直都在漲」。

投資人也很容易以常見和最近發生的事，做為財務決策的基礎。這種方式的確可以幫助他們搭上最新形成的趨勢，但是這種可得性捷徑和近因偏誤，有時候也會讓他們投資那些已經進入超買階段的高價股。

我們看待事物的方式又是根據思維架構和心理帳戶的歸類。「長期而言，股市一直都在漲」的想法，就是根據我們思考架構中取樣的市場和選取哪一個時間段落而產生。我們對於投資績效或績效欠佳的反應，也是根據我們選取及考慮的時間段落而定。

最後要注意的是，不管是個人決定股票買賣或股票分析師預測明年的企業盈餘，諸如此類的投資決策常常受到「錨點」的影響。雖然看法改變，價格也會跟著調整，但萬變不離其宗，這些調整其實還是錨定在某一點。現在有一支股票是五美元，如果你是從二美元就開始注意，當然會覺得它好貴，但日後要是它又漲到十美元，你才會調整

思維覺得五元，其實還算便宜。

　　各位要牢記這些影響認知的因素，因為這些都會為投資人帶來機會和陷阱，而且我們身為投資人並不因此就比較厲害，事實上我們跟每一個人一樣容易受到影響！

重要概念

- 認知偏誤──後見之明
- 代表性偏誤──實驗例證「琳達」
- 連結謬誤
- 賭徒謬誤（大數法則）
- 忽略樣本大小
- 可得性捷徑
- 近因偏誤
- 架構偏誤
- 心理帳戶
- 錨定與調整

CHAPTER 5

自我：
你的一切

「我們到處遊覽，看到高山、巨浪、浩蕩大河及淼淼海
洋都感到驚奇不已，卻對日月星球的天體環繞無動於
衷，甚至連自己就在運行之中也不覺得奇怪。」

——聖奧古斯丁（Saint Augustine）

我們天生都有強烈的自我意識。而這個自我意識會影
響到我們的決策，包括財務及其他各個方面。

我們的大腦承載自己整個的歷史：所有的喜歡與不喜
歡、曾經碰過的人、感到快樂和悲傷的所有時刻、我們的
態度、我們的醫療病史，還有我們所有的期望與希望，全
部都蘊藏其中。所以我們會怎麼看待事物、會怎麼行動和
做出決定，也都要帶著所有這些包袱。因此，要做為變革
的推動者，我們每個人都會根據自己過去的經歷和心理來
行動和反應。

就跟人人都有張不同的臉孔一樣，大家的心理包袱也不盡相同。我們每個人都不一樣，也都有過不同的經歷。我們也都會帶著自我和所有這一切（tuum est）[11]一起進入我們參與的市場。就此而言，市場最終就是反映出我們所有人的一切。我們的行動最後都會為那隻看不見的手提供動力。

為了讓這個廣闊無邊的主題集中焦點，也建立一些討論的順序，我在此要先檢視影響財務決策的三個方面：

① **我們與生俱來的樂觀和悲觀傾向**。我們願意為獲得某些東西付出多少代價，會受到情緒的影響。對於我們事前的決策和事後確實發生的狀況，這兩者之間的差距會產生風險溢價（risk premium）。

② **我們對於「改變」的接納程度**。我們的保守傾向、反應不足及過度反應，還有過度自信的問題。

③ **肇因於自我中心本性（egocentric nature）的偏誤**。我們會受到稟賦偏誤（endowment bias）所影響，只因為某

11.「Tuum Est」這句拉丁文是加拿大不列顛哥倫比亞大學的校訓，意思是「取決於汝」，或者更精確的說是「這是你的」，綜合起來大概是說你自己的生活完全是由你自己來決定。從另一層意義來講，也意味著很多事情都由你來詮釋和決定。也就是由我們的大腦來處理感官收集到的資訊，由我們自己決定要走哪一條路。所以我們都要對自己的行為負責。

物是自己擁有就認為它比較重要；會把成功歸因於自己，失敗歸咎於他人（自我歸因偏誤）；相信我們比實際更有操控能力（控制錯覺）。

永遠保持樂觀，千萬不要悲觀

我們前面就說過，風險承擔是投資的核心，而這也是金融市場的主要推動力。

我們投資人期待高於正常水準的報酬率，是因為我們把資金投入未知的未來。我們努力研究市場和驅動價格的心理因素，深入探索未知領域，比其他參與者多爭取到一點優勢，才有希望獲得更高報酬。

我們願意讓今天的資金承擔不確定性，是因為覺得明天會更好。就算不是我們大家都會更好，至少就今天投入的資產來說應該會更好。

因此投資人自然是樂觀多於悲觀，認為杯子是半滿而不是半空，雖然有人說樂觀派唯一無法正面看待的就是悲觀派，但很多樂觀派還是認為悲觀派可以發揮重要作用，讓大家不會去做些愚蠢的冒險。俄羅斯也有一句諺語可供對照：悲觀派原本也是樂觀派，只是知道得太多。

投資專家常常認為基金經理人不同的投資風格，與其本身的樂觀或悲觀傾向有關，尤其是所謂的成長型投資人

和價值型投資人。但這種樂觀或悲觀的傾向，其實也是情緒偏誤。

成長與價值

　　成長型投資人尋找獲利成長比同業更加迅速的企業。一般經常提到的是獲利成長率在十五％至三十％之間，但這只是個大概，需要考量的環境因素很多，例如產業別、公司在哪個國家營運等。成長類股通常本益比較高，但股利較低甚至沒有。一家公司如果獲利成長如此神速，投資人寧可讓公司保留盈餘加以運用，也不會要求分配盈餘。成長類股的股價走勢通常波動比較大、風險更高。

　　另一方面，價值型投資人則是要撿便宜，找到公司資產不菲、獲利潛力佳但股價相對低廉的股票。價值類股的本益比通常比較低，而且現金流量通常還不錯，但獲利成長幅度有限，因此通常是為了多分配一點股利。價值型投資人想要找的便宜貨有許多種可能：也許是公司業務已屬夕陽產業，或者已經失寵不受消費者青睞，或是實際碰上艱困問題或預期碰上困難，包括產品過時等問題。這類股票能提供的股利有助於緩和跌勢，但除非小心謹慎的挑選，否則這類股票因為公司獲利減少，到最後很可能都要縮減股利。

　　從成長型和價值型投資人的描述中，我們可以假設認

為，成長型投資人會比較樂觀，而價值型投資人則屬悲觀派。不過也有一些專家說剛好相反，成長型投資人比較悲觀，因為他們認為獲利成長不容易，所以才要花時間尋找，也願意為這種股票付出高價。相反的，價值型投資人則是樂觀派，相信優良企業都可以賺到錢，所以他們專注於尋找股價合理的公司。價值型投資人認為，如果他們以合適價格買進價值股，獲利也將隨之而來，他們的投資就能賺到錢。

當然，這也是分類造成的問題之一。同樣一個投資決策，也會有成長與價值的兩個方面。我們必須估算公司未來的盈餘和現金流量，預測公司的成長態勢。我們要考慮未來的盈餘，就必須考慮其他許多重要問題。其中最重要的可能是股價和各種有形及無形的資產和負債，這一些都包含在我們稱之為「公司」的法定權利和義務裡頭。

以合適股價買進，可能是投資決策最重要的一點。各位買進股票，取得那家公司的資產和負債，你們的未來的生命線就是跟公司綁在一起，今天的投資關係到明天的收穫。所以，我們既要尋求獲利成長，也不能忽略資產價值；關注資產價值，也不可忽視獲利成長。這兩套方法是分進合擊齊頭並進的。

這種投資的實用方法，結合成長型與價值型評估，成**為一般所謂的「GARP」方法，意思是：股價合理的成長類**

股（growth-at-a-reasonable-price）。

最有名的「GARP」策略大概就是「PEG」系統，這是以本益比（price to earnings ratio；P/E）和盈餘成長率（G）做比較的方法。假設 A 股的本益比為二十，預估獲利成長率為每年十％，那麼它的「PEG」值為二，這就比本益比二十、預估獲利成長率二十％的股票還要貴，後者的「PEG」值等於一。「PEG」系統到最後會讓投資人不買進「PEG」值大於一的股票[12]。

因此，我們可以看到投資策略是建立在行為基礎之上，我們在評估及分類投資策略時，應該意識到這些重點。我們常常把相同的事物做不同的分類，或者是有些看似不同的策略，其實是出自相同的行為概念。

之前和之後

在投資方面，我們要常常注意事件發生之前與之後的狀況。

---

12. 但我不推薦大家盲目的採用這種方法。在金融計量方面運用電腦大量運算，依據金融數值來做交易或許是有利可圖，但這樣的操作幾乎無法持續做出良好的投資決策，只能維持極短的時間幅度之內。然而市場一直在變化，因此那些決定買賣的數值點也應該要隨之改變。由於環境不停的變化，我們必須機動的獲取知識及解讀金融指標。

事前與事後

> 「像現在這種時候，想到過去也不是沒有過，就覺得好多了。」
>
> ——保羅・哈維（Paul Harvey）

市場人士普遍悲觀的時候，一切都是昏天暗地。大家看不出公司怎麼賺錢。這一切真是叫人沮喪。市場上毫無需求，就算有也只是有氣無力，成交低迷。這時候沒人想要買股票啊。投資人都會選擇其他資產，例如債券或房地產。股價直直落。

在這種情況下，投資人在事前—拉丁文說的「ex ante」——會覺得進入一段特別糟糕的時段，但一兩年後又會像奇蹟般的發現，其實企業獲利並不像原先預期的那麼差勁。事後—「ex post」——大家就覺得好多了，不再害怕。去年那些遭到嘲弄的股票，現在看起來又很吸引人。

市場對事前與事後預期的差異，為資產創造出風險溢價（risk premium）。要是大家都能猜到狀況是怎樣、會發生什麼事，那麼事前預期和事後驗證完全一樣，風險溢價就會是零。

要是市場人士普遍覺得樂觀，世界看起來是那麼美好。大家都預期會賺錢，企業盈餘不斷增加，資金充沛、需求強勁，包括股票在內的資產都將水漲船高。

在這種狀況下，許多投資人在事前就認為股票報酬將

遠高於債券和其他資產。他們願意為股票支付越來越高的價格，導致股價高漲。等到獲利最後讓人感到失望時，投資人又轉趨悲觀。而整個市場也就是隨著樂觀和悲觀情緒，時而高昂、時而低迴。

衡量樂觀與悲觀氣氛

專業投資人有很多方法可以測出市場情緒，在任何時間都能對整體投資人的樂觀或悲觀氣氛做出結論。

這些方法包括分析報紙頭條、語言字詞的使用（包括「R」開頭的「recession」經濟衰退）、做調查、分析市場與經濟統計數據、股票漲跌的家數與成交量、股價創新高或新低紀錄，還有選擇權的買權與賣權成交比率。要詳細討論這些方法，可以再寫一本書，我在這裡要強調的是：**股價其實就是市場氛圍的情緒指標。**

檢查市場群眾的樂觀或悲觀，方法之一是查看股價水準。各位在觀察股票市場時，可以把現在的市場指數和過去幾個不同時期的指數水準相互比較。當然要看的不只是股價而已，更重要的是還要檢查諸如本益比、股息收益率和市價淨值比等重要指標的市場平均值。從這些比值的變化，都能反映出市場樂觀或悲觀情緒的多寡。

有很多投資人只因為沒做這麼簡單又有效的測試，結

果就深深的套牢。其實只要把今年的數值跟另一年做個比較，各位就會發現很多情報（但大家也要記住，數值比較也會產生一些陷阱）。

比方說，要是市場行情泡沫化，本益比就會拉得很高。這表示大家都願意支付一大筆錢來購買未來的獲利。通常當狀況看來十分美好的時候，有兩個因素就會輾轉循環拉抬股價。**首先是大家認為獲利狀況會比原先預期還要更好；其次是，大家都願意付出數倍價格來買進這些預期獲利。**舉個簡單例子，各位就能看出這兩個因素對股價的巨大影響。

表 5.1 顯示每股獲利預期增加五十％，從五美元增加到七‧五〇美元，這個必須打折扣的未來獲利成長五十％，投資人願意支付的倍數就會從原來的十倍增加為十五倍，因此股價的變化不是只有五十％、一〇〇％，而是一百二十五％！

表 5.1　股市氣氛對股價走勢影響極大		
	悲觀	樂觀
每股預期獲利	5 美元	7.5 美元
倍數	10 倍	15 倍
股價	50 美元	112.5 美元
漲幅	─	125%

這兩個因素循環作用，會讓股價興奮暴漲，也會讓它驚嚇暴跌。舉個剛好相反的例子：經濟一旦陷入不景氣，市場氣氛低落，你投資的那家公司雖然還算不錯，但每股獲利預期從七‧五美元回落為五美元，投資人願意支付的倍數也從十五倍減少為十倍，那麼股價相應就要下跌五十五％[13]。

　　各位在投資市場的任何時候都要牢記這一點，尤其是在買進成長股後開始出現問題，或者是市場氣氛極度悲觀根本看不到獲利時。除非你覺得狀況可能還會變得更糟，不然這種時候才是低價搶進績優股的好機會[14]。

---

13. 我正在寫這本書的時候，股市剛好就是這種情況。景氣低迷讓投資人擔心害怕惡化為衰退，即使還不到蕭條的程度，也會重創所有的股票。那些被吹捧為可以抵抗衰退的股票，就算獲利狀況仍然維持良好也照樣受到拖累。例如，美商嬌生公司（JNJ）在二〇〇八年九月曾漲到七十二美元，當時大家都說它是最安全的股票之一，但六個月以後就跌到五十美元啦。沃爾瑪（WMT）的情況也一樣，從六十三美元跌到五十美元。這些股票其實都比其他股票好得多，只是在那種空頭氣氛下所有的股價都會受到影響。

14. 很多人都以為，股票市場就是賺錢的地方。這沒錯，股市是企業及其顧問向投資人兜售股票，而投資人彼此買賣股票來調取頭寸的地方。但是附屬於股票之上的權利其實一直在變化，而投資人往往缺乏足夠資訊來做出正確決策。所以股票市場可不是外行玩遊戲的地方。各位如果想要提升獲利機會，但只能撥出一點點時間來進行操作，那麼你一定要把焦點擺在一個比較小的領域，才能好好的認真照顧它。很多外行的散戶都是太貪心，想的太多。

接受改變的開放心態

對財務決策顯著影響的第二個自我特性，是我們接納改變的開放心態。有些人天生開明寬闊，樂意接納改變，有的人則是希望保持現狀，天生就很保守。

之前談到緊抱「IBM」股票的史密斯先生，這就是維持現狀的偏誤，也是一種情緒偏誤。因為他在「IBM」股票投資兩萬美元就變成百萬富翁，所以他常常勸告後代子孫千萬不要賣掉「IBM」。

現狀偏誤是我們在面對選擇時，傾向於維持現狀不變。

就我個人的經驗來說，我覺得這種本能非常強烈。很多人都不喜歡改變過去有效的投資方式，就算理智上可以理解為什麼需要改變，也需要時間才能適應。

保守傾向偏誤

與現狀偏誤有關，但通常被認為是在認知層面上運作的是保守傾向偏誤。就算是發現新資訊顯示應該改弦易轍，採取不同的方法，保守傾向會讓我們堅持延用過去的看法和預測。

其實我們之前就說過另一種形式的保守傾向。在第四章討論代表性偏誤時，我們說有些人會因為看到類似特徵

而針對某些事物形成特定意見，然而等到那些意見都已經明顯失效，還是不願意放棄那些看法。我們會發現聲譽、名望會有延續效應，股票的看好看壞也會出現延續，一般投資人甚至是專業分析師要改變自己的觀點，都需要花費一點時間才能辦到。

後來我們也談到一般人怎麼透過錨定與調整來形成看法。我們會抓住一、兩個數字，有時甚至是毫無根據的憑空抓取，就把它們當做起始的定錨點，然後再根據新資訊慢慢調整估計值。

但是人不是機器。我們不會一聽到新資訊，就坐下來拿著紙、筆努力運算、研究思考，算出新的勝算有多高。我們是應該這麼做，但實際上卻辦不到。我們都很不情願進行這些困難的心理運作，反而是還在依戀之前狀況不願離開（現狀偏誤）。所有這些情況都會讓我們低估新資訊的效用，也因此做出的反應會明顯不足 [15]。

跟理性經濟人的超能力相比，我們普通人的分析能力都很有限，而且大腦在處理問題時常常採用情感方式，雖然情感和情緒都有其作用，卻會讓我們受到很多偏誤和錯

---

15. 附帶一提的是，很多企業高層管理人員不願意弄髒雙手，不親自拿著紙、筆和計算機做運算，這才是監督管理不力的病根，使得企業更容易陷於詐欺和重大弊端。就像大家說的嘛，魔鬼在細節之中啊。

誤的影響。舉個常見的例子，我們在連續幾次反應不足之後，常常就會陷於驚慌，結果情緒走向另一個極端，變成反應過度[16]。

基本上，我們會發現人類大腦比較容易接收到出現頻率，但不易理解發生機率。我們通常只想知道大概的平均值，但不想費力去計算精確數值。對於更加精密的統計數字和統計概念，通常都難以理解也不會分析。所以就算是非常簡單的資訊集合，一旦要開始分析也會很快變得複雜棘手，這實在是讓人驚訝。

預測

大家可能以為，像證券分析師那種預測專家，大概會有辦法控制和調整那些偏誤。

但研究顯示，很多分析師也一樣經常犯錯。唯有現實才能實現預測，預測永遠成不了現實。例如，德萊曼（Dreman）和貝力（Berry）調查五十萬份華爾街證券分析師個股獲利預測報告，發現預測錯誤平均高達四十四％。

我們發現分析師也會傾向保守，低估新資訊的重要性，

---

16. 反應不足和反應過度，都是行為金融學與投資管理非常重要的研究課題。

因此產生反應不足，無法快速變更預測，調整的幅度往往也不夠大。所以專家的預測也是落後於現實，不管是股票還是債券分析師都一樣。這裡頭也牽涉到代表性、錨定與調整和現狀偏誤等。當我們在猜測明天到底會發生什麼事的時候，這些偏誤都會經常發生。

可是這麼說，好像不大對勁！

為什麼第一次出錯之後，還不調整想法、改變作法，竟然照樣低估新資訊、繼續反應不足呢？有一部分原因是，分析師都不敢太過特立獨行，不想跟其他分析師的分歧太大[17]。但除此之外常常還有其他原因。

過度自信偏誤

答案可能是，很多人不只是太過保守，而且對自己的能力也太過自信。

換句話說，過度自信偏誤會讓人以為自己比實際上還要厲害。如此的過度自信給保守傾向帶來動力，似乎也導致前述這種預測往往落後於新資訊的情況。

不過在我們繼續說明之前，我也要強調，成功預測其

---

17. 像梅莉迪絲・惠特尼（Meredith Whitney）女士這樣，對著花旗集團資金缺口窮追猛打、緊咬不放的分析師，所面對的壓力一定很大！

實非常不簡單。我們要對未來一連串事件預測發生機率，決定哪些數值最有可能為真，就算可以免除所有心理偏誤，變成真正的理性經濟人，這個任務還是非常之困難。大家都想提升預測水準，但猜不準也絕對不會讓人意外，尤其是各位如果嘗試過股票分析、預測過走勢的話。

自我中心思維

我們的第三個主題，自我中心傾向會在行為金融學中發揮重要作用，這是毫不意外的。

我們討論保守傾向偏誤時，看到大家如何固執己見，我們發現這是來自現狀偏誤，這種情緒讓人堅定維持事物本來樣貌，不能接受改變。同樣的，我們經常對自己擁有的資產更加看重，而忽視那些自己沒有的。事實上是因為擁有那些東西，我們就認為它們比客觀上更重要也更有價值。這個毛病叫做「稟賦偏誤」（endowment bias）。

理性經濟人要是以特定金額買下某件物品，他也會願意用相同金額出售這件東西。但我們大多數人並非如此。那件東西一旦到我們手中以後，我們通常就覺得它變得更有價值，所以我們不願再以市場價格出售。這也是一種情緒偏誤。

這會帶來的一個影響是，我們常常不願以市價進行交

易，也因此促成買進後就緊抱不放的傾向。儘管已經看到價格高漲，還是覺得後市持續看漲，都不足以讓我們心甘情願的賣掉，就像《金錢遊戲》中提到的「IBM」股票例子。

所以，我們更不想面對任何會造成持有物貶值跌價的新聞或資訊。公司獲利不佳，會被你原諒，或是認為這次事出有因，只是個例外。要是公司的高層管理有問題，我們也會幫他們找藉口，或是希望這些壞人很快會被揭發或換掉。種種的夢想和希望讓我們的持有物罩上一層光暈，讓我們不願面對事實。正如所見，我們會蓄意低估壞消息、高估好消息，患得患失，不是反應過度就是反應不足。

任何股票在我們買進之前，看起來也跟所有股票一樣。但一買進之後我們就覺得它好像比較漂亮、比較優秀。因為這是我們自己選的好股票嘛！我們就是很厲害、很強！此時就是稟賦效應在發威，讓我們感受到一層既得利益（vested interest）。但是稟賦偏誤可能導致決策癱瘓，讓你無法做出決定。我們可能死抱著希望不放手，覺得市場價格永遠不夠好。

經驗豐富的交易員和投資老手會鍛練自我，抵抗稟賦偏誤。他們會訓練自己面對新聞資訊，一旦獲得事實證明就要合理調整錨定參考值，願意接受市場價格來做買賣。透過這些方法，讓他們更接近理性經濟人。

自我歸因偏誤

　　各位讀者要注意的是，本章討論的偏誤大多很容易理解，而且都相當直觀，基本上也都是人性衍生出來的。這種弊病還有另一個例子，叫做「自我歸因偏誤」（self-attribution bias）。

　　正如名稱所示，**自我歸因偏誤是指我們會把成功歸因自我、失敗歸咎他人的認知傾向，也可能歸咎於外部因素，**例如說是因為今日星座說怎樣怎樣或說是運氣不好。獲得成功的時候，又忙著把榮耀歸於自己，認為這都是靠自己的智慧和努力才能獲得如此成果。這又可能讓人太過自信，因此而過度交易、承擔過多風險，結果又導致大敗。一旦碰上失敗挫折，又是怨天尤人，把失敗歸咎他人，或者把責任推給外部因素。

　　還有一種認知偏誤叫「控制錯覺」（illusion of control）。我們都會傾向於認為自己可以控制事件的結果。控制錯覺讓我們覺得自己很有能力，所以很有自信，因此我必須小心提防，要先認識到這種錯覺才能加以控制。有句話說：「別把腦子裡的一廂情願，誤認為就是多頭市場。」講的就是這個。在某些狀況下，這種錯覺又會因為各種儀式和迷信而更加嚴重，極端狀況下甚至可能產生病態結果。

我們對成功的期待很可能超出發生機率的客觀範圍。但很諷刺的是，這種信念也會產生巨大的樂觀力量，讓我們去做出偉大的發現之旅或開創企業活動。這是人性之中的古怪之處，有些人會因此投入未知展開冒險。

因此，我們看到這三個自我中心偏誤（稟賦偏誤、自我歸因偏誤、控制錯覺），通常會對行為金融學確認的其他偏誤提供動力。下列方塊中的一些表達方式，就是這些狀況。我們必須小心提防，認清原由，不要讓它們干預理性決策。

範例：股市對話中的心理偏誤

「股價要是不高於買進時的價格，我是不會賣的！」

• 稟賦偏誤

• 既得利益

「我會持有這支股票到人生的最後一刻。」

• 持股緊抱不放

「我必須砍掉虧損，但這表示我一開始就買錯啦。」

• 決策癱瘓

「我早就知道這檔股票很棒。不過那支害我賠錢的股票，是我從電視上看來的。」

• 自我歸因偏誤

「這支股票的所有資訊，我都曉得啦！不要擔心。」

• 控制錯覺

投資與自我

我們的樂觀或悲觀傾向，在進行投資決策時顯然會發揮重要作用。而觀察其他參與者是偏向樂觀或悲觀，或者甚至是太過樂觀或悲觀，也會為我們帶來許多投資機會。

事實上，行為技術分析背後的主要概念，就是確認投資市場中重要的行為金融學因素，從中找出機會和高勝算的投資決策；這些重點我們會在第九章深入探討。比方說，我們要是發現市場已經過度樂觀，那也許就是賣出的時候了。要是看到市場太過悲觀，很可能是買進的時機。我們的投資決策，通常就是根據我們對市場狀況的認定來判斷。

我們的「自我」經常發揮微妙作用：有的投資人願意接受改變但太過自信，有的投資人卻是傾向保守又猶豫不決。對於新聞資訊的反應過度和不足，是個很有趣的研究領域，這些過度或不足的反應常常導致市場氣氛從樂觀轉向悲觀（或從悲觀轉為樂觀），或者是兩者之一的劇烈強化。

一旦做出投資決策，投資人會傾向於堅持這一決定並開始受到稟賦偏誤的影響。我們還會把成功歸因於自己，把失敗歸咎於他人。我們也會以為自己比實際上更有控制力、知識更加淵博。這些狀況都可能惡化到讓我們決策癱瘓的程度。

重要概念

- 樂觀傾向和悲觀傾向
- 事前與事後、風險溢價
- 接納改變的開放心態
- 保守傾向
- 反應不足與反應過度
- 過度自信
- 自我中心思維
- 稟賦偏誤
- 決策癱瘓
- 自我歸因偏誤
- 控制錯覺

CHAPTER 6

厭惡：
趨樂避苦

「我十歲、十一歲的時候，就把找得到的金融史都讀
完！因為這不是上個禮拜的圖表數字，而是我們人類都
在幹什麼。」

——華倫・巴菲特（Warren E. Buffett）二〇〇七年接
受查理・羅斯（Charlie Rose）採訪

　　從許多方面來說，這一章可說是本書的重心所在，探
討行為金融學中許多最重要的概念，也連帶觸及各種思考。
同時也要討論「展望理論」，以及圍繞這些理論與概念而
進行的許多行為金融學研究。

　　本章要從佛洛伊德的「快樂原則」（pleasure principle）
談起，再繼續討論厭惡的問題。首先會說到我們對含糊不
清、模棱兩可的厭惡，順此討論風險與不確定性。我們都
不喜歡後悔，當然更不喜歡失敗。大家都希望自己不需要
承擔風險，安全的待在原處，除非可以獲得一些意義非凡

的東西，不然絕不輕易冒險。

萬一發生虧損，我們都想等它漲回來，但要是投資的股票賺錢了，卻會想要趕快賣掉；此即「處置效應」（disposition effect）。

本書至今討論的內容大多集中在展望理論，這是說我們看到賺錢和看到虧損時，做出決策的方式也會不一樣。到目前為止，**展望理論可說是行為金融學裡頭最重要的觀念。**

快樂原則

本章要談的，其實就是快樂原則。這個概念由佛洛伊德首先提出，並且非常簡單。所有偉大的概念都很簡單。快樂原則會讓我們尋求滿足，鼓勵我們追求快樂、躲避痛苦。

獲利賺錢通常就是一種快樂，虧損賠錢則是痛苦。我們在上一章談到，這種追求獲利的動機會讓我們想要投資，因此而推動市場活動。這個追求獲利的欲望即來自快樂原則。行為金融學最重要的研究，就是探索我們進行財務決策時如何運用快樂原則。

在這一章我們也要開始檢討我們厭惡什麼、會想要躲避什麼。我們先檢視我們最討厭的東西，來說明「厭惡」主題。

對於含糊不清、模擬兩可的狀況，我們都不大喜歡，這是一種還算溫和的厭惡感。但我們一定不喜歡後悔，這是更強烈的討厭。如果是對於虧損的痛苦，我們是絕對的討厭，這是最強烈的厭惡感。

未來會如何？

知道太多，常常會讓你遇到麻煩。希區考克（Alfred Hitchcock）一九五七年有一部電影叫《你知道太多惹》（*The Man Who Knew Too Much*；台譯《擒兇記》），說有個間諜在喪命之前警告主角麥肯納博士說某國元首將遭暗殺。那些壞蛋為了叫麥肯納閉嘴就先綁架他兒子，後來又遭遇種種折磨和危險，最後他才達到某個資訊均衡點，也就是沒知道太多。

很諷刺的是，雖然知道太多可能很要命，但這部電影又常常讓人記得桃樂絲黛（Doris Day）唱的名曲：「未來該怎樣就怎樣」（譯按：曲中的西班牙語「Que Sera, Sera」即英語「Whatever Will Be, Will Be」），說的是一個想要知道未來的女孩，但長大以後才了解，最好方式就是順其自然，等未來自己到來。

這個例子可說是反映出人類對於「未來」的永恆兩難。「未來」是不是真的存在？「未來」能否提前揭曉？我們應

該窺伺未來嗎？提早偷看未來，會不會反而招致厄運？要是我們知道未來，除了等待答案揭曉之外，還能做些什麼嗎？

所以我們經常放棄探索未來，就像桃樂絲黛唱的一樣，「以後該怎樣就怎樣」吧！但是這樣看得開也不會減少我們對於未來的焦慮和對於模糊感的厭惡。

模糊厭惡（ambiguity aversion），在行為金融學裡頭算是一種認知偏誤，因為模糊對於風險承擔會產生抑制效果，因此學者也對它有相當程度的研究。**我們在面對不確定性時，經常會先停下來思考和研判整個狀況或情勢，想要從中找出勝算、建立勇氣。**事實上，要發揮企業家精神和進行其他形式的冒險活動，**第一步就是要先打破模糊厭惡帶來的阻礙。**

風險和不確定性

模糊在金融活動發揮重要作用。本書最後「附錄一」的「理性經濟人」討論會談到，經濟決策通常是以「預期效用」（expected utility）為核心，對每個結果的發生機率提出假設。比方說，我現在投擲硬幣，如果這個硬幣是公正的，我知道我投出正面或背面的機率都是五十％。不過如果是今天買了一百股的微軟股票，我獲利或虧損的機會又會是多少呢？每個結果當然都是有個發生機率，但是我

無法事先知道這個機率是多少。

　　所以，在金融領域中我們經常要分辨風險與不確定性。對於「風險」，我們知道每個結果的發生機率有多少，比方說剛剛談到的公正硬幣。如果是面對「不確定」，我們就不知道發生機率是多少，因此我們面對的就是「模糊」。

　　金融與投資，不管是它們衍生的各種分類、分析還是預測，都是我們對抗風險與不確定性的種種努力。現在我們也把數學應用到市場，揭開今日行為的奧妙，希望可以因此預測明天的行為。在分析風險狀況的時候，我們的表現相當不錯。如果是談到風險分析，比方說以選擇權為例，我們知道可以運用布雷克－休勒斯（Black-Scholes）模型或考克斯－羅斯－魯賓斯坦（Cox-Ross-Rubinstein）二項式模型來對選擇權定價，知道股票價格上漲或下跌時選擇權價格的機率變化[18]。我們也知道股價趨勢往往會持續存在，同時知道價格通常還是會回到平均值，這是趨勢追隨者和逆勢操作者都在其中努力的痕跡。但是碰上「不確定」時，就完全不曉得發生機率，

---

18. 所謂的二項式模型是說，例如今天股價為一百美元，明天有六十％機率漲到一百零一美元，四十％機率跌為九十九美元。依此類推，像這樣如同樹枝般分叉開來，即可確定股價在未來一個月的變化可能。另外也有三項和四項式的模型，會產生更多分叉也更複雜。

讓我們感到極大的失落[19]。事實上金融業的重要目標就是把「不確定」轉化為「風險」，才能加以管理和進行操作，才能用來創造財富。

當前金融危機的主要原因之一，是數學模型導致包括銀行在內的金融機構承擔不確定性，卻以為自己在承擔風險，同時信用槓桿又太過膨脹寬鬆。有很長一段時間，垃圾債券就像優質證券般在市場上招搖。

模糊厭惡的反應並非不理性。這是因為「未知」而產生的反應，我們也不該忽視它，但我們最好還是要想辦法克制。比方說，模糊厭惡的影響之一，可能就是讓我們只敢在國內投資自己的產業，因為我們熟悉本國經濟如何運作，所以不敢冒險投資外國經濟體。但是這種厭惡妨礙我們的視野，限制偌大的投資機會。因此更好的反應應該是去研究其他國家的市場，以減少不確定性，才能創造多樣化的投資。

模糊厭惡也有助於防止黑天鵝效應，也就是那種雖然

---

19. 請注意，即使是碎形幾何，也就是所謂的混沌幾何，也會假設某些預定的循環模式。只是這些模式不會一直都維持不變。蒙地卡羅方法（Monte Carlo simulation）是以純粹形式呈現隨機性的有效工具。我們知道，股票獲利率在不同日期之間幾乎找不到關聯性，這也就是隨機性，但在創新高或新低那幾天與報酬規模就有顯著的統計正相關。這個狀況與人性行為是相符的。

很不可能出現但還是有機會發生的嚴重事件[20]。雖然天鵝大都是白色的，但是罕見的黑天鵝也的確存在。投資人一定要小心提防那些極為罕見的意外，黑天鵝事件足以打破機率分布所帶來的虛假安慰。

後悔厭惡

後悔厭惡在財務決策中發揮重要作用。顧名思義，這是害怕我們以後會對今天所做的決定感到後悔。於是，最好就什麼都不要做。

我們都知道後悔厭惡如何運作。但是做了會讓人後悔，不做也一樣；這是一把雙刃劍，因為不做決定本身就是一種決定。後悔厭惡也經常導致相反的結果。以下來看一些例子。

實務中的後悔厭惡

- 湯姆發現，金融業者一旦出現信用問題，股價就會大跌。他認為大跌後的金融股都變成超級價值股。但他還是不敢去買那種金融股，因為他覺得萬一又

---

20. 請參見塔雷伯（Nassim Nicholas Taleb）著作《機率騙局》（*Fooled by Randomness*）和《黑天鵝效應》（*The Black Swan*）。

碰上股價大跌，那就悔之晚矣！之前不就是因為大跌嗎？這就是在警告你！

- 凱西是史密斯先生的曾孫女，手中還是緊抱「IBM」股票不放。那些股票的資本利得都已十分豐厚，但她還是不會把股票賣掉，萬一賣掉之後股價又繼續漲，她這輩子一定都會感到後悔莫及。而且賣股票的錢如果只是花掉或沒有好好投資，又覺得特別難過。

- 彼得最愛電腦股，他在一九九四年就以每股三美元的價格買進一千股的微軟公司股票。到了一九九八年初，這些股票已經漲了六倍，每股達到二十美元。這時候他已經賺到一萬七千美元啊，真是漂亮！彼得在一九九八年剛成家，也有房屋貸款要付。雖然他還是很喜歡這家公司，也認為它以後還有更美好的未來，但他還是把股票賣了，因為他覺得萬一股價又跌下來，一定超後悔的（結果微軟在一九九九年飆到五十九美元的巔峰）。

- 莫妮卡發現公司債的報酬通常比定存還高。她的投資顧問建議說，她那些額數可觀的存款可以買進一些績優企業的公司債。然而莫妮卡又發現，就算是績優企業的公司債也可能違約倒帳時，她保守的決

定所有存款還是擺在銀行就好，因為她不敢亂動以免日後懊悔。

• 傑拉德投資一家擁有多項專利的生物科技公司。剛開始的時候，他的股票賺了錢，但後來公司沒再推出新專利，而老專利又已到期或被新發明淘汰。傑拉德希望情況好轉，公司也許又會獲得一些優勢。現在把股票賣掉，就等於放棄這家公司，而且承認自己的投資是個錯誤。所以傑拉德決定持股緊抱不放，以免中途落跑造成日後悔恨。他說這家公司有一天必定捲土重來，再次大展神威，要是早早把股票賣了，日後肯定後悔！

• 瑪麗有一些「風險資金」可以投資，但她並沒真正注意過股市。有一次月底時，她又想到銀行帳戶的額外資金，決定在一周之內把這筆錢搞定。她想，跟大家走準沒錯，就跟著大家一起投資才是最好的方式吧。所以她翻開一本生活時尚雜誌，看到一則廣告說傳統上聰明的投資人都會投資黃金。所以她就要投資金礦股。她認為，就算這個投資最後證明不大高明，至少也是一家好公司啊。而且她簽支票時還嘟囔著：「這也不是我的想法。」瑪麗跟著大家走，避免投入個人意見，是想保護自己日後不會

後悔，萬一以後黃金投資出錯，才不必責怪自己[21]。

我們可以從這些例子可以看出，不管是做或不做，都很難避免日後的後悔。

佛洛伊德的第二原則

奇怪的是，我從投資客戶獲得的經驗發現，我們常常決定不要亂動，而不是去冒險才犯錯。這也許是因為犯錯的感覺，比疏忽更糟糕；我們自己犯下錯誤，好像是比自己沒做什麼而帶來遺憾更加痛苦。然而在實際上，不管是自己犯錯或者是因為無做為、不做為而造成遺憾，都一樣是錯誤。

雖然後悔厭惡很自然，但我們身為投資人一定要學會立即辨識，而且要避免受到這種情緒偏誤的影響，而做出錯誤決定。

這時候佛洛伊德的第二個原則「現實原則」（reality principle），就很有用。它的意思是說，在我們長大成年後會知道，在現實世界中通常要經歷痛苦才能獲得快樂：「受過如此教育的自我會變得理性，不再受制於快樂原則，而

---

21. 投資顧問都很了解客戶這種保護自我和想要規避責任的心態。最明顯的是，客戶會把錢交給他們的顧問，又不想知道任何有關投資推薦的資訊，他們通常都對顧問說：「一切都交給你決定吧，萬事拜託了！」

是遵從現實原則。它還是會尋找快樂，但也仍然會考慮到現實，即使快樂會因此而延遲或減少。」

因此我們身為投資人，絕對不能因為害怕日後的悔恨而不敢採取行動。

虧損厭惡

我們在第五章討論過現狀偏誤和保守傾向偏誤。**現狀偏誤是一種情緒上的固執，讓人想要保持事物原有的狀態。保守傾向偏誤則屬認知上的偏誤，即使事實已經出現變化，還是讓人想要堅守過去的看法或思維架構。**

所以，保守傾向偏誤可說是現狀偏誤的重要成因之一。我們會想要保持現狀不變，所以我們拒絕面對新事實，拒絕改變自己的看法。而維持現狀會帶來滿足感、覺得自己受到保護，產生一種歸屬感，這就是我們會固執現狀的原因。為了維持現狀不變，我們要竭力避免虧損，所以我們對於虧損感到厭惡。但不僅是如此而已。不管我們是否有意識的想要維持現狀不變，我們真正遭遇虧損都會感到痛苦是個事實，所以虧損厭惡也會鼓勵現狀偏誤。

現狀偏誤、保守傾向和虧損厭惡會相互激盪、互相強化。因為改變就是個風險，而風險就可能帶來虧損！我們如果想要避免虧損，那就不要冒險。所以一整套運作下來，

就更會促成保持現狀。如果現狀已經十分完美，那當然是件好事，但我們常常發現自己需要改變才能改善某些事情或狀況。

現狀滿意假設

所以，我們要是對現狀感到不滿，才會願意冒險。我們會願意押下更多籌碼，甚至是擺明跟比較有勝算的那一方挑戰，以擺脫令人不滿的現狀。但我們若是對現狀感到滿意，那麼大概就會厭惡冒險。因為對自己的現狀感到滿意、覺得舒適，除非有人提供非常高的勝算和賠率才能誘發行動。這個條件叫做「現狀滿意假設」（status quo satisfaction hypothesis）。

我們每天都會看到這種行為。要是股市正在蓬勃上漲，就必須提高利率，才能吸引大家採取行動擺脫現狀。

圖 6.1　現狀滿意

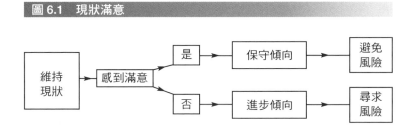

套牢緊抱不放

在金融投資上，虧損厭惡會帶來嚴重後果。其中的一個就是會產生所謂的「套牢緊抱效應」（get-evenitis effect）。我們直覺上都知道這會變成怎樣，通常都會導致巨額虧損，對我們的財富造成危害。就像大家說的，甚至去指望那些最不可能發生的事，到最後虧損一直擴大，直到你輸光為止。

我們剛剛買進「ABC」公司股票一萬美元。該公司發布新聞稿說，最近申請的專利食品即將獲准，這種新食材不但可以用來做成食品也能製造飲料，是不會讓人發胖的有機食品，最符合當今健康飲食的要求，不但價格比麵包和水還便宜，營養成分絲毫不減分，維持健康生活所需的維生素和礦物質樣樣都有。更重要的是，這個口味讓你永遠吃不膩，簡直就是天賜神糧。

現在「ABC」股票的需求很大，而且大家都預期公司馬上要取得專利，所以股價騰躍上派，新聞記者蜂擁而來，紛紛到公司總部打探產品開發的時間表。「ABC」公司最後又發布另一份新聞稿指稱，雖然研究進度按計畫進行，而且各項指標都超過公司承諾的標準，但為了確保產品維持最高品質，決定再延長測試時間。

有些原本觀望的投資人現在也跳進來買股票，但隨著時間過去卻越來越感到可疑。原有的投資人則是膽氣十足，因為他們的股票早就漲幅豐厚，覺得自己應該再繼續等待股價飆升。這時候的股價已經上漲不少，我們那些股票現在已經價值六萬美元。

　　日子一天天過去，又經過了幾周、幾個月，「ABC」公司沒有發布更新的消息。有些最早投入的投資人開始不耐煩，擔心原有漲幅可能會吐回去，所以他們開始賣股票。於是股價走勢漸趨平緩。

　　後來公司提交一份監管備案，又發布一篇新聞稿。「ABC」公司董事會宣布解僱執行長，因為他沒有充分理解快速申請專利的重要性。這位執行長原本很受各方好評，此時股價又回跌了一些。

　　我們還是緊抱持股不放！因為我們對「ABC」公司有信心，也相信董事會可以找到更好的執行長。接著過了一個月，然後是兩個月。股價繼續走軟。「ABC」公司也不再跟新聞媒體溝通。

　　公司接著又公布一份監管備案文件，說第二任執行長也辭職了！遭到詢問時，公司董事長確認大家的憂慮：「ABC」公司提交的專利申請其實完全沒有時間表。

　　我們現在看到報價螢幕上，我們的「ABC」持股價值七千美元。之前的上漲已經全部都吐回去，而且還倒賠三千美元。那時候沒趁股價還高時獲利了結，真是讓人扼腕！大家都在痛

罵新的執行長，也熱烈討論再來該怎麼辦。我們不能就這樣認賠出場啊！如果這位執行長離開，可是產品沒有缺陷呢？說不定股價過幾天就會漲回去？我們決定先忍著，希望這只是一場惡夢，很快就會過去。我們祈禱「ABC」公司趕快開始生產它的產品，這樣我們至少可以回本，不會虧錢。

處置效應

每個投資人和股票交易員都知道，只要手上有股票，就會讓人感到焦慮。這種焦慮再加上虧損厭惡，就會導致謝佛林（Shefrin）和史塔曼（Statman）說的**「處置效應」**（disposition effect）：投資人往往太早獲利了結，碰上賠錢股票又死抱不放。從前面說的例子，我們已經看到第二種行為表現，也就是**緊抱賠錢股票不放，我們叫做「套牢緊抱效應」**。不過，第一種行為表現，太早獲利了結也是很有趣。

抱著賠錢股票不放手，不能在虧損還小的時候斷然認賠出場，通常是因為還抱著錯誤的希望，而且遲遲不願做出認賠的最後決定。這種遲遲不做最後決斷的行為，也是因為想要逃避後悔。

太早把賺錢的股票賣掉，通常是因為擔心股價回跌，

原先的漲幅就會吐回去。我們不願延遲獲利了結，是害怕股價走勢對我們不利，錯失獲利機會就讓人後悔。

最後，賣掉股票的投資人通常都會預期股價回落，跟往常一樣回到平均值附近。要是股價開始回跌，我們就會錯失獲利或部分獲利，所以很多投資人會急著獲利了結。

賠小賺大

「認賠要趁早，獲利盡量漲！」這是大家都聽過的吧，雖然容易理解，但投資時要真正做到可不簡單。這需要鍛練和自我控制，才能打消我們心中那股期待股價回升的虛假希望，同時在看著帳面獲利節節高升的時候，也要能夠控制住那股焦慮感。也有人說是：「早點獲利了結，還是賺啊。」各位要是只想小賺小賠，那就沒什麼好說的。我們要做到的，就是小賠而大賺。

處置效應正好說明了，優秀的投資方式經常是要跟情緒反應唱反調。投資人必須做到的是合乎邏輯、合於理性，但不能屈從情感上的誘惑和壓力。所以說，優秀的投資往往不是智力所能為。不管我們採用什麼投資方法，它必定會在某個時候碰上困難，到那時候，我們透過事實查核及進行所有探索，就必須能夠堅定信任那些有效的資訊。

但很不幸的是，市場的本質對我們不會帶來幫助。市

場在恐懼時，通常出現暴跌，而在貪婪占上風時，才會緩慢爬升。這表示我們在停損上必須眼明手快，才來得及阻止虧損不斷升級，而要放任股價上漲不急著獲利了結，又必須擁有極大耐心才能承受焦慮。

展望理論

在可能是行為金融學中最重要的一篇論文中，康納曼和特沃斯基指出，我們不但有虧損厭惡偏誤，而且我們實際上對於收益和獲利的態度也不一樣。這是非常重要的觀察。

在他們發表論文之前，過去的經濟學家根據**預期效用理論**（在「附錄一」討論），假設利潤讓人感到愉快而虧損帶來痛苦，而我們要不要承擔風險是根據收益或虧損的預期機率有多大。假設一美元的獲利會帶來 X 量的快樂，那麼虧損一美元應該也是帶來 X 量的痛苦。但是康納曼和特沃斯基的研究發現，這一整套說法完全不是事實。

首先讓我們看看，在類似康納曼和特沃斯基設計的實驗例證中，我們會怎麼思考虧損風險並做出反應。

實驗例證：面對獲利

假設你現在有三百美元。

你可以選擇：

一、再拿到一百美元；或者

二、丟硬幣賭一下，要是贏了，可以得到二百美元；萬一輸了，就不再得到錢。

各位會選哪一個？

這種實驗例證有很多研究人員做過，發現大多數人都會選擇選項「一」而不是「二」，儘管「一」和「二」期望值完全一樣，如果我們只看預期效用的話。

現在讓我們看看第二個實驗。

例子：面對虧損

各位擁有三百美元。

現在請做選擇：

一、放棄一百美元；或者

二、丟硬幣賭一下，要是輸了要給二百美元；如果贏了就不用給錢。

這次你會選擇哪一個？

這次大多數受測者都選「二」而不是「一」，雖然「一」跟「二」的期望值也都一樣。

各位可以觀察到，第一個實驗例證中的受測者在面對獲利時，會因為規避風險而選擇確定獲利，而不選那個不確定的賭博。在第二個實驗例證中，面對一定虧損時，大多數受測者則選擇承擔風險，寧可承擔不確定的大虧損，也不接受確定的小虧損。

　　這種心態可以解釋為：要是獲利的話，我要趕快確定；如果是虧損，那我還要賭一下！

快樂原則再次登場

　　追根究柢，這個現象就是跟快樂原則有關。針對多種刺激做過的許多研究，都發現到這種影響。這種影響是我們在接受刺激之後所引發的良好感覺或惡劣感覺。比方說，聽到「黃金」這個詞會產生好感，而「深淵」這個詞則引發恐懼和負面觀感。

　　展望理論顯示，投資人在面對獲利時厭惡風險，但在面對虧損又想奮力一搏。投資人從獲利得到正面影響，因此對風險產生負面觀感；但投資人面對虧損時受到負面影響，又會讓他們覺得風險看起來比較有利。展望理論還能進一步解釋，我們為何根據結果在風險承擔與風險規避之間換來換去。

康納曼與特沃斯基的分析

　　有人可能會說，預期效用理論如果真的有效，那麼在那兩個實驗例證中，我們應該會覺得選項「一」和「二」毫無分別。我們會在第一個實驗例證中選擇「一」而第二個例證中選擇「二」，就表示我們對於確定獲利和確定虧損的思考不一樣。

　　得到確定獲利時，我們不想再賭博、也不想再冒險。面對確定虧損時，我們就希望再賭一下冒個險。雖然這些行為看來沒什麼道理，但對有些人來說似乎是非常自然的行為方式。為什麼呢？可能有以下這些原因：

- 我們通常不是考慮遊戲結束後總共有多少錢（第一例證為四百美元、五百或三百美元；第二例證為二百美元、一百或三百美元），而是只想到獲利或虧損，也就是那些變化不同。我們在第三章也曾說過這一點，我們常常會先注意到變化，而不是維持不變的狀態。因此在這些例證中，大多數人都只會想到一百美元或二百美元的獲利或虧損，也就是金額上的變化。

- 在這些實驗例證中，我們會再次注意到第五章討論過的現狀偏誤。這些例證一開始就先說我們有多少

錢。然後，我們會從這個現狀的角度，來看待獲利和虧損，亦即「變化」。

- 康納曼和特沃斯基發現，**我們只看重確定的結果，會比較忽略僅僅是「可能」的結果。這叫做「確定效應」**（certainty effect）。所謂的「眾鳥在林，不如一鳥在手」，不管是多大的「可能」也不能跟「確定」相比。理查・澤克豪瑟（Richard Zeckhauser）教授曾用一個有趣的例子來說明確定效應。以下的實驗例證就是從澤克豪瑟教授的模型衍生而出：

實驗例證

有一個人在玩俄羅斯輪盤。左輪手槍裝上了四顆子彈，另外兩個彈倉是空的。

如果你就是那個人，你願意花多少錢讓裁判拿出一顆子彈，讓擊發子彈的機率從六十七％降低到五十％？寫下答案。

再問：你願意花多少錢再取出一顆子彈，讓擊發機率從五十％降低到三十三％？請寫下答案。

再問：你願意花多少錢再拿掉一顆子彈，把機率從三十三％降低到六分之一，也就是十七％？請寫下答案。

現在，那把槍只剩一顆子彈啦。擊發的機率很低囉，只有十七％。各位如果是那個人，你願意花多少錢拿掉最後這顆子彈，讓自己活著看到明天呢？一樣，請寫下答案。

第一次把機率從六十七％降低為五十％，減少十七個百分點，這個可說作用重大；但是五十比五十，這個人遭遇不幸的機率還是很高。再取出第二顆子彈，把機率降低為三分之一，也一樣。但是到最後那顆決定「生與死」的子彈，大家自然再多錢都願意花。因為拿掉最後那顆子彈，會給我們一種確定性。

還有一個因素叫做「**隔離效應**」，我們在第三章談過，但它在康納曼和特沃斯基的研究中作用不大。**研究顯示，我們在做決策時，常常把那些潛在可能的共同部分棄之不顧。**

比方說我們正在看汽車，它們都有四個輪子和一個備胎，當你看到下一輛車，它也一樣有四個輪子，所以這一點不會是個讓你下決定或做判斷的重要因素。但要是你看到一輛沒有輪子的汽車，然後業務員跟你說輪子要去別的地方另外買，而且還要你自己安裝上去；這時你才會把這個因素獨立出來看待，於是車輪就會變成你做決定的重要因素，你大概毫不遲疑就放棄這輛車子吧。

展望理論指出，雖是同樣的選擇，若是以不同方式來呈現，很可能因為隔離效應而造成不一致的偏好。在這種情況下，理性的決定也許是先去買輪子，再回去買車。

我有一次想買某知名牌子的汽車時，也碰過這種情況。

那時候的業務員對我說，高昂總價裡頭不包含車子裡的底板踏墊。這讓我的偏好馬上不一致，也就對這輛車失去興趣。後來更有其他原因介入，所以我從來不後悔那個決定，但是當時的決策過程中，我一度只看到優點，完全就是錯的。

價值函數

所有這些概念在展望理論中都匯集在一起，而價值函數（value function）大概是最清晰反映出它的精髓。

為了讓大家深入理解價值函數，讓我們舉一個最生動的例子。

價值函數的假設案例

有一天早上你還賴在床上，覺得既安全又懶洋洋的，你決定算算自己有多少錢。你估計說大概有一百萬美元吧。然後就起床、淋浴，去吃早餐。萬事搞定之後，電話響了。是你的朋友約翰打來的。他叫你跟他一起合作，開設房地產公司。他說你會賺到十萬美元。你問說有沒有什麼缺點，他說你要先投資十萬美元，而且有可能會全部賠光。你謝謝他的來電，拒絕參加他的投資。但約翰堅持不懈，說他真的希望你和他一起打拚。然後你說你不喜歡他說的那些賠率，如果想要讓你加入，他要提出更好的條件才行。他

說他雖然不能保證可以賺到多少錢，但至少可以控制能賠多少。約翰問說，為了獲得十萬美元的收益，你最多可以承受多少虧損。你說不能超過兩萬五千美元。約翰說這個條件可真是不容易，他會盤算一下再告訴你。

用展望理論來解釋這種情況

圖 6.2 所示的函數圖，即剛剛描述的情況，以下向大家說明。

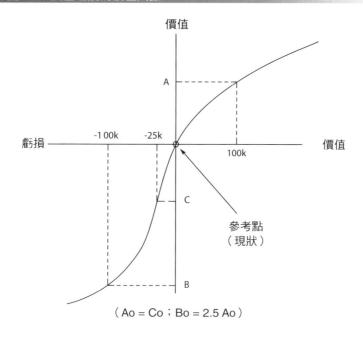

圖 6.2　展望理論的價值函數

（Ao = Co；Bo = 2.5 Ao）

你躺在床上，沒冒任何風險那一刻，想到要算一算自己有多少錢，然後算出一個一百萬美元的數字，那就是你的「現狀」。在那個現狀所體驗到的感覺，在展望理論中叫做「參考點」。在圖中，就是兩條軸線交叉的那個小圓圈。

　　在那條「價值」線上，高於參考點的位置都是正面感覺（愉悅），而低於參考點的位置都是負面感覺（痛苦）。

　　水平軸線一邊是獲利、另一邊是虧損。如果從參考點向右移動，就是正在獲利，向左移動則是虧損。

　　所以這就是各位洗完澡、吃早餐的狀態。那時候你就在軸線交叉的正中心，感覺自己的現狀很安全。然後是約翰打電話過來，叫你參加他的房地產冒險，你可以獲利十萬美元。

　　各位馬上就會有直覺反應，注意到財富增加（即出現變化）與現狀的關係。這時候你的心理標記會向右移動到圖 6.2 標示「100K」（即十萬）的位置。這個位置產生的愉悅感達到「A」值，如圖中曲線所示。

　　然後你們開始討論缺點，約翰說可能會賠十萬美元。你的虧損標記向左移動，你對此感到的負面感覺達到「B」點，這就是你對虧損的痛苦。因此你拒絕他的提議。

　　你的反應其實很正常也合乎邏輯。「B」點距離參考點約是「A」值的二・五倍。根據實驗顯示，虧損帶來的痛苦衝擊強度，的確是同幅度獲利的二・五倍那麼大。

因此約翰問說，為了獲得十萬美元的潛在收益，你最多願意承擔多大的虧損，你覺得是跟「A」值同等痛苦的是「C」點，所以你說兩萬五千美元即「二十五K」。

　　我們透過展望理論來觀察這個案例，就能從你和約翰貌似簡單的對話看出許多含意。

　　在詳細檢視價值函數的形狀之前，請先注意兩點。**第一**、這個案例是你想要巨大的潛在利益，但潛在虧損只能承受一點點。這就是除了單純的算術問題之外，我們會說投資時要降低虧損、但盡量擴大獲利的主要原因之一。

　　第二是，雖然在這個簡短的個案研究中沒有特別指出，但隔離效應其實也發揮作用了。如果約翰一直都在房地產業，而且一直提供一些跟房地產有關的合作案。那麼這一次，他要是提出的是跟製造業有關的投資機會而不是房地產業，那又會是怎樣呢？雖然你對約翰的誠信和生意眼光一樣信任，但你對那個製造業的合作案可能就會有不同的看法。

　　或者，約翰跟你說，跟過去比較，這次不買賣實體的房地產，只是要投資租賃的權利呢？一樣的，這也會讓你用不同的方式來評估。

價值曲線的形狀

　　經過多年研究，康納曼和特沃斯基的結論是，獲利的

價值曲線是上凸，而虧損則是下凹。以曲線弧度來說，虧損會比獲利更加陡峭。

圖 6.2 的右上象限顯示，獲利曲線向右延伸，顯示獲利增加、價值隨之升高，但速度會越來越趨平緩。這表示其中包含著風險厭惡。

從價值曲線的形狀可以協助說明，我們在實驗例證中為何喜愛一百美元的確定獲利，但排斥成功率五十對五十的二百美元可能獲利。以我們之前說過的金融基礎而言，這表示資金的不確定性不能帶來足夠動力，而在這個案例中，那一百美元已經是確定獲利。

另一方面，在圖 6.2 的左下象限的曲線呈現下凹形狀，表示隨著虧損增加、我們也會感到更加痛苦，但增幅也會漸減。

這個象限的價值曲線形狀顯示，面對虧損時我們會想要冒風險。例如，在面對確定虧損的案例中，一定會虧損一百美元的人寧願選擇再丟一次硬幣，萬一輸了要虧兩百美元，但要是贏了就不會有任何損失。

一樣要特別注意的是，價值曲線在虧損這一面會比獲利更加陡峭。我們前面曾說過，這是指虧損的衝擊比獲利大得多，甚至是高達兩倍半。這也是虧損厭惡的表現。與獲利的愉悅相比，虧損更加讓人痛苦，因此身為尋求快樂

的人類，我們都會盡最大努力去尋找獲利而避免虧損。

　　當然，我們每個人的價值曲線，都長得不大一樣。所以我們現在說的，只是就一般狀況而論[22]。也有些人在獲利方面的曲線比較陡峭，表示獲利為他們帶來更多快樂，增幅遞減的情況不是很明顯。也有人在虧損方面的曲線可能比較平緩，表示他們對於虧損並不像他人那麼厭惡，或者甚至是有點無感。

　　價值函數不僅跟個人有關，也跟參考點有關，因為所謂的「現狀」必定是某人在某個特定時點的狀態。所以價值函數最好看成是動態的，會隨著時間的不同而變化。如果之前說的現狀滿意假設是正確的，那麼價值函數的形狀就會隨著我們對於現狀的滿意與否來變化。

　　企業家和投機客的價值曲線，大概跟工作尋求平靜、穩定的人很不一樣。價值曲線也可能不像我們這裡說的那麼平滑，也可能會隨著年齡不同而產生變化，受到生活經歷所影響。

---

22. 有證據顯示價值曲線也會有不一樣的形狀：獲利部分下凹而虧損部分上凸。我們在書中討論的是康曼納和特沃斯基最早提出的版本，這個好像是比較符合多數人的行為狀況，但目前也還沒有確切定論，因為這個重要領域仍然有許多研究在進行。

專業交易員

在〈行為偏誤會影響價格嗎？〉的研究中，約書亞・柯瓦（Joshua D. Coval）和泰勒・迅威（Tyler Shumway）以芝加哥期貨交易所的自營商交易員為對象，發現這些交易員其實都非常厭惡虧損。

早上發生虧損的交易員在下午會冒著更大風險（超過平均值）的比例，比早上獲利者高出十六％。因此在下午交易時段中，虧損交易員追高殺低的情況會比早盤順利者更嚴重。但是發生此類交易之後，價格也會在十分鐘之內恢復到之前的水準。研究發現，交易員早盤的虧損和午盤的價格短暫波動確實有關，但跟午盤的整體波動無關。

厭惡和投資

投資人都想尋找快樂、免除痛苦，他們對風險和不確定性的偏好，跟他們的現狀及對於獲利與虧損的反應有關。價值函數要說明的，就是投資人的這些反應。儘管深入理解仍然需要許多研究，價值函數已經是行為金融學中最有趣的探索之一。價值函數是康納曼和特沃斯基「展望理論」的一部分，該理論所針對的是研究者所謂的「風險展望」（risky prospects）的決策。

很多投資人都認為「模糊不清」是一種痛苦，我們之

所以研究股票就是為了減少投資上的模糊，把不確定性轉化為風險；我們之前也曾討論過，風險和不確定性是不一樣的。儘管我們對於風險的評估也很少準確，但在進行評估的過程中還是會讓我們覺得舒坦一點。

投資人也會盡量避免對過去決定感到後悔的狀況，所以後悔厭惡也跟虧損厭惡有關。投資人也是因為這樣才會浪費大量時間、精力跟市場死纏爛打，死抱著賠錢股票不放，成天盼望股價趕快回來。

很多人也做過許多處置效應的研究，這是說我們獲利的話都想提早了結趕快出場，賠錢就死抱著股票不放。我們都會一廂情願的以為賠錢股有一天會鹹魚翻身，所以死抱著股票拒絕承認失敗，而後悔厭惡會讓你擔心賺錢的股票變賠錢，所以腦子總是聽到嗡嗡嗡的聲音叫你趕快賣掉獲利了結；這似乎也促成了處置效應。

投資人尋求或避免風險的程度，似乎跟我們是否滿足於現狀有關。不滿意的投資人會想要冒險，而對現狀感到滿意的投資人則避免承擔風險。

展望理論中的「確定效應」也跟確定獲利的行為有關。康納曼和特沃斯基即指出，我們只看重那些確定的結果，只是「可能」發生的事情往往遭到輕忽，這就是「確定效應」。

這些觀念都有助於解釋股價趨勢與極端價格如何形成，

之後也會再談到它們在技術分析中的重要性。

重要概念

- 快樂原則
- 厭惡
- 模糊厭惡
- 風險與不確定性
- 後悔厭惡
- 現實原則
- 虧損厭惡
- 現狀滿意假設
- 套牢緊抱效應
- 處置效應
- 展望理論
- 確定效應
- 隔離效應
- 價值函數

社會：
群眾情緒

「這個自我鍛練不是要跟著大家走，而是學會逆勢操
作，跟大家走反方向，這才是成功投資的基本功。當整
個金融圈都在順勢而為的時候，懂得逆勢操作的人就能
博得大彩，當然前提是有充分跡象顯示沒做錯。」
　　——《鍛造投資哲學》（*Developing an Investment
Philosophy*），菲利普・費雪（Philip A. Fisher）

「人生在世宛似潮浪起落，
把握浪頭出帆遠颺，就能獵取財富；
錯失良機的話，此生
唯有受困淺灘遭苦遭難。
如今正是潮滿浪高，
一定要趁此機會扯帆出擊，
否則萬事皆休一敗塗地也！」

　　——《尤利烏斯・凱撒》（*Julius Caesar*），莎士比亞劇

在市場中價格波動的主要動力來自情緒，而情緒會在組成市場的民眾和群體之間散布流傳。

本章要討論新聞與情緒對現今構成市場的電子群眾的影響，以及我們的情緒也一樣還是很容易受到感染。關於群眾行為，我們要透過古斯塔夫・勒龐（Gustave Le Bon）的研究來檢討，他在一個世紀之前就做過群眾行為的最佳實證研究。

接下來我們要探討**群眾情緒如何表現在股價趨勢型態上，例如三角形和擴散（broadening）型態**。

我們還要研究資訊瀑布和虛擬循環（還有惡性循環），最後用喬治・索羅斯（George Soros）的反身性理論（theory of reflexivity）做結論。

期待與情緒

投資都跟「期待」（anticipation）有關。我們會根據現在的情緒，去預測各種未來狀況，這種經驗大家都有過吧。韋伯大字典把「sentiment」定義為「受到情感渲染的想法」，真是令人欽佩！而且各位請注意，這個「想法」是對於未來，但「情感」則是指當下。

物件以後價值多少，是根據我們今天對它有什麼感覺、是何情緒，所以說，市場情緒──也就是市場中的我們對

於未來的感覺——是移動和決定價格的要素。

事實上，這種情緒發威的狀況極其普遍，所以動物學家戴斯蒙德‧莫里斯（Desmond Morris）就曾經說過女人裙子長短和社會情緒的關係：

如果我們看一下二十世紀每隔十年的裙子長短變化，就會明顯看出，經濟活力十足的時候會出現短裙，等到經濟處於衰退的時候長裙又會重現。喧囂二○年代的短裙，就是這樣被沮喪的三十年代長裙所取代；四○年代後期嚴峻的戰後時期長裙，也是在搖擺的六○年代被迷你裙取代。到了七○年代的經濟衰退，又全部讓位給長裙囉。這好像是因為年輕女性受到整體社會氣氛的影響，透過裙子長長短短的變化，向大家展示她們的樂觀和自信程度。

諷刺的是，大家平時多有仰賴的價格，其實也是瞬息萬變的情緒所決定。

電子群眾

不過，參與市場的人，可以說是群眾嗎？我們平常說到「群眾」或一群人的時候，通常不會想到是市場裡頭的人。我們一般會認為群眾是指比較沒有組織的群體，共同

目的也比較鬆散，例如街上的和平示威者，或者是足球隊贏球，粉絲上街慶祝那樣。

這當然不是說，足球迷在體育場內看球是無序的群眾。剛好相反，在那個階段，他們都是觀眾：是有組織的，每個人都有一個座位，至少在想像中應該都有位子。這些粉絲的情緒是由足球比賽本身所驅動，而不是由群眾自主，雖然要是發生裁判不公平的狀況，同樣這些群眾很可能陷入暴亂，這時候整個球場的情緒也會隨之改變。

市場中的人群雖然是經過組織化，但畢竟還是活生生的人，他們的所思所想都是受到情感渲染的。他們很容易感到害怕或貪婪，會覺得快樂或痛苦，個個都抱著自己的希望，會決定要買什麼股票、什麼時候要趕快賣掉。雖然現在跟過去不同，我們投資人不大容易去到實體市場、跟大家有實際上的身體接觸，但我們確實都在網路空間裡頭，在任何時間、在所有的新聞頻道、網路論壇、討論區、留言板、部落格和交易平台上，以數位化的方式跟大家聚在一起。這個儘管是分散但仍然有所組織的群眾，也就是我們說的「市場」，每分鐘都會藉由買賣股票來表達自我，我們只要看看價格的波動變化就會看到市場普遍情緒為何。

市場情緒

市場情緒就像是帶動許多不同股票漲跌起伏的浪潮。當市場情緒正常時，利多消息推動市場上漲，利空消息會被忽視。一旦情緒不佳之際，市場對任何壞消息都會迅速做出反應，這時就算出現利多都無法安撫它。

各位在進入市場之前，一定要先搞清楚市場潮流。現在是漲潮還是退潮？或者正在不上不下之間？

新聞的影響

現代的市場也不只是一群人這麼單純。它已經是人類社會的一部分，自有其時尚、思想、文化及其他透過態度與期望來發揮影響力的各種因素。

這表示市場不是由一群同質的投資人所組成。它是異質性的。不同的投資人著眼於不同的時間範圍，尋找不同的力量來提升自己的投資績效。長期投資人對市場的日常波動無動於衷，只想尋找重要的長期走勢。而短線帽客就靠這些每日波動，活絡做買賣，他們對於長期力量比較不關心，除非這些因素跟短期波動有關。

這表示市場的主要推動者——新聞訊息——對市場的不同部分會造成不同程度的影響，而且影響方式也各不相

同。訊息的影響力多寡，主要取決於資訊與投資人所觀察的市場走勢的相關程度而定。比方說，長期投資人只注意具備長期意義的資訊，通常會忽略那些為時短暫的臨時干擾。例如有某家網路券商突然關閉兩小時，長期投資人大概不會太過注意這個新聞，但短線帽客也許認為這家公司的股票很可能會暫時下跌而馬上拋空 [23]。

潮汐與節奏

從這個觀察再深入探索會發現，正因為市場的異質性，所以各個部位的律動可能節奏也都不一樣。從前面舉的例子可以清楚顯示這一點：短線帽客會馬上採取行動，但長線投資人經過調查研究之後可能到了適當時機才會有所動作。

即使是現在即時通訊的電子時代，新聞資訊也還是以某種節奏速度在市場中傳播 [24]。

有很多人一開始研究投資，就以為投資只是在做些數字運算和研究高深難懂的經濟模型。這些當然都是重要的

---

23. 這種觀察當然也是有條件的。長期投資人雖然可能忽視這種短暫停機，但或許也會認為它是有關交易安全或管理鬆散的重要訊號。所以長期投資人還是有可能深入追查這種事件。

24. 有些人的行動自然是比其他人迅速，這可能是因為他們理解事物更快速，或者認為必須行動、或者只是比較衝動。

工具，可能讓我們暫時停止情緒干擾，客觀的了解經濟情勢，然而從基本上來說，投資其實是跟市場的預期有關，而市場正是社會的一部分。

情緒感染

會把一群人變成「群眾」的，正是情緒感染，群體中的個人由此感受到其他人的情緒，並且一起表現出來。我們每個人都可以感受到周遭眾人的憤怒、恐懼、希望和貪婪，這些感覺都跟眾人毫無二致。

群體和群眾中的情緒感染，正是市場投資人常常彼此模仿，變成集體行動，因此形成「趨勢」的主因之一。

個人之間的溝通未必要透過語言，例如經由身體姿勢也可以。我們常常做出跟旁人一樣的舉動，但自己卻不知道這一點。研究顯示，當我們在模仿其他人的時候，我們大腦的前運動皮層（premotor cortex）和頂葉區域（parietal areas）就會活躍起來。前運動皮層是在我們前額稍後的頭頂部位，而頂葉區域又在其後，大概就是從兩耳位置聯結起來的帶狀。

最近科學家以獼猴做實驗，發現大腦含有廣泛分散的鏡像神經元，對於周遭眾人的運動、情感和意圖展現都非常敏感。而且在我們查覺到眾人所覺以後，也會在自己的

大腦中加以複製和活動。過去這種個人大腦之間的聯繫互動，一直引發學者的好奇和摸索，直到最近才有辦法加以深入研究。這些發現可以說明，我們對周圍人等的觀感情緒是如何關注，而且這些行為模式也會在人與人之間傳播。

我多年來擔任投資顧問，有機會認識許多夫妻或伴侶，發現到很多佳偶在相處多年之後會發展出一樣的姿勢、態度、甚至習慣，讓我感到印象深刻。

事實上心理學家也發現，從同一個人多次聽到他發表相同看法，跟聽到好幾個人說同樣的話，效果是幾乎是一樣的。這個狀況適用於各式各樣的看法，從財務建議到恐怖活動的憂慮都一樣。

專家學者也在社會感染和同理心方面做了許多研究，而且陸續找到許多有趣的發現。

除了剛才說到的前運動皮層和頂葉區，我們在第二章談過的杏仁核似乎也會發揮作用。杏仁核在同情和情感補償方面都會趨於活躍，因此情緒感染才會順利進行。

團體文化

所謂的「團體」，都會有自己的文化。當局外人進入群體時，就會發現群體的文化、儀式、符號和做事方式都有明顯差異，而群體與個人雙方都會對此差異感到關切。

比方說，我們換工作到另一家公司，和新公司的新文化面對面時就會發生這種狀況。成功的企業通常擁有強大的自我文化，新晉人員如果不能適應融入，就要被迫離開。

團體文化讓這個團隊可以保持一致，彼此更加緊密，合作也更加容易，因為團隊成員彼此知根知底，知道對方如何思考。新晉人員會被告知：「這就是我們這裡的做事方式。」就個人而言，某些決定的責任可以交由團體來承擔，成員間彼此融入的關係也會由團體文化來支持。但在另一方面，集體思維的約束可能變得太過強大，以致於一些聰明而意志堅強的人也會犯下愚蠢的錯誤。

世界各地的金融企業通常都擁有強大的文化，也代表著豐厚的實力。也許這是因為金融業者必須和市場的不確定戰鬥，因此像軍隊一樣需要堅強而一致的團隊。

古斯塔夫的群眾

古斯塔夫・勒龐（Gustave Le Bon）在一八四一年出生於法國的諾讓勒羅特魯（Nogent-le-Retrou）。他研修醫學後在巴黎行醫，但是按捺不住心中的好奇，後來走遍歐、亞和北非各地。他有許多著作，鑽研主題非常多，包括人類學、社會學和物理科學都有。

他在一八九五年出版的《群眾心理學》（法語原版

「*Psychologie des foules*」；英譯「*The Crowd*」），有時被稱為「大眾心理研究」（The Study of the Popular Mind）。這本書非常暢銷，也很有影響力，據說希特勒自傳《我的奮鬥》（*Mein Kampf*）中的宣傳技巧也是從這本書學來的。如果真是這樣的話，可見其思想與見解的確實效力，卻也遺憾遭到濫用。勒龐用活潑而生動的描述，分享了許多關於群眾行為的觀察，因此《群眾心理學》一直到現在都是很受歡迎的讀本。

勒龐認為，群眾中的個體──不管是在哪裡的群眾──都很可能失去自己的批判能力，被群眾的情緒所淹沒，甚至跟著大家一起做出一些原始而野蠻的行為。個人在群眾之中很容易被帶著走、相信群體，群眾的情緒感染讓領導者可以輕易操縱團體。

接下來，我會介紹一些跟市場與群眾主題相關的重點，但書中還有許多真知灼見可以讓讀者深入了解群眾行為，對於我們猜測市場走勢極為有用 25。

勒龐首先考察群眾的一般特徵，他在導言中強調：「人們從來不會接受純粹理性的教導以塑造自己的行為。」在書中第一章的第一頁他就說道：

---

25. 勒龐的《群眾心理學》及其他著作都可在網路上免費下載。

在某些特定的條件下，而且只有在這些條件下，一群人會表現出完全不同於單獨個人的新特徵。這些人聚在一起後，其感情與思考會逐漸同一，使得個人自覺漸漸消失，形成一種集體心理，雖然只是暫時，但確切無疑的表現出一些非常明確的特徵。這些聚集成群的人會進入一種狀態，在沒有更好的說法之前，我姑且稱之為組織化群體，或者也以說是精神群眾。這個群體會形成獨特的一體，而且整個群體的心理狀態趨於一致。

在群眾之中的各種情緒和行為都深具感染性，其感染力之強，甚至會讓人犧牲個人利益以完成集體利益。這雖然徹底違反他的本性，但一個人幾乎是毫無能力，除非他是群眾的一部分。

但從我們的角度來看，也要注意到現今的市場通常是由電子方式廣泛關繫，甚至不必有實體群眾聚集在哪一個地方。勒龐也說過：「群眾會開始出現組織化的重要特徵，但未必限定於同時出現在某個地方的那些人。」

勒龐強調群眾易於情緒化的特點，它的形成迅速，但持續時間不長。我們在現代市場中一直可以看到這一點，全國性災難會觸發快速賣壓，貪婪占據市場時又誘發一波又一波的買盤，這時候某項資產類別似乎是買到賺到點石成金。

群眾之所以騷動，有一部分是因為這些都不是理性邏輯驅動的行為，似乎都只是「簡單而極端的情緒」。

這有助於解釋為什麼一些簡單概念可以占據市場、而且還能主導市場，有些是經過研究分析、有些甚至大家聽過看過有印象而已：漂亮五十（Nifty Fifty）、非理性繁榮（Irrational Exuberance）、新經濟（New Economy）、產能（Productivity）、商品行情（Commodities Boom）、「未計利息、稅項、折舊及攤銷前的利潤」（EBITDA）、科技股（Tech）、「科技、媒體、電信」（TMT）、金磚四國（BRIC：巴西、俄羅斯、印度和中國）。

這些口號和字母縮寫，都讓很多人賠過很多錢。各位以後要是再聽到這種朗朗上口的口號，一定要抱著懷疑態度，仔細研究檢查確切證據，才能跳進去跟大家一起玩一把，或者是逆勢操作，跟大家賭一把（本章稍後討論索羅斯反身性理論時，我會詳細說明這些概念如何相互激盪進而推動市場）。

正如勒龐所言，只要採取「絕對清晰而簡單的形式」再透過「圖像的偽裝」就能讓群眾深信不疑。

比方說，「金磚四國」就是個很簡單的想法：因為這四個國家目前正在迅速發展，都是全球規模最大的新興市場。但說是「金磚四國」，一個口號把四個大國一網打盡，

其實是完全忽略這幾個國家的特殊性質。儘管有此缺點，「金磚四國」還是共同基金最方便的標籤，所以金融界上上下下裡裡外外都傳遍了。而且這名字還真是厲害！「BRIC」聽起來的確就是英語的「磚頭」，讓人聯想到建築的基礎構造，真是既耐用又好記啊！

　　勒龐注意到，群眾常常把不相關的事物混為一談，並據此進行推論；也常常把某些特例視為通則。勒龐說：「有些定義最模糊的語詞反而可以發揮最大影響力。」有些模糊的詞彙，像是「民主」、「自由」、「社會主義」的確是發揮了「非常神奇的力量」。

塞尼加和群眾

　　你特別問說，最重要的是要避開什麼。我跟你說，特別要避開：人群！碰上人群甚至連自己都無法信任，這樣怎麼會不危險。我在任何時候都不諱言自己在這方面的脆弱；我出去跟人群混在一起，回家時必定覺得品德低落；過去已經恢復平靜的內心，顯然又變得騷動；過去已經根除的惡習，又是一再反覆。跟一大群人在一起真是有害：隨便一個誰都能傳給我們一些邪惡，帶給我們誘惑。實在可以這麼說，跟我們混在一起的人越多，也就越危險！

　　——塞尼加《斯多葛書信集》（*Seneca 'Letters from a Stoic'*）第八封信

三角形與擴散型態

我們在股價趨勢中的上升或下降三角形和擴散型態，即可看出群眾和市場情緒的腳印。

各位要是到股票網站看股價線圖，隨便找三、四檔股票，檢視幾年的線圖，一定會發現有某段時間股價只是在有限範圍內上下沖刷震盪，不知道該何去何從。那段期間的股價基本上會局限在一個上下範圍內，很可能形成一個矩形，這就是我們說的「矩形」整理。

各位要是再仔細觀察，會發現整段股價走勢會略微傾斜或下降，這通常也就是股價突破整理之後的行進方向。有時候則是隨著時間的推移，整理的末端漸趨收斂，因此形成「三角形」。

三角形可能呈下降型態（頂部持續下降）如圖 7.1 所示，或者像是圖 7.2 的上升型態（底部逐漸墊高）。一般來說，下降三角形後市看跌，而上升三角形後市看漲[26]。這種價格趨勢型態表示股票正在蓄積能量，盤整時間越久，最後突破時的爆發力就越強大、走勢會越陡峭。有時也會出現像

---

26. 也可能出現對稱三角形，顯示震盪幅度逐漸縮小。這通常是延續行情，也就是股價在三角整理之後會繼續之前的走勢。

圖 7.3 的擴散型態，盤整範圍越來越大而非收窄。但這種趨勢型態相當罕見。

圖 7.1　頂部迭降的下降三角形

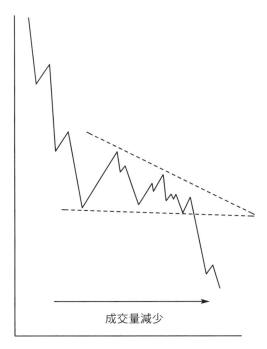

成交量減少

下降三角形

圖 7.2　底部連續墊高的上升三角形

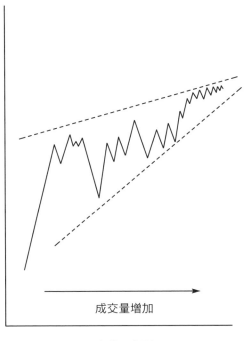

成交量增加

上升三角形

圖 7.3　盤整範圍逐漸增大的擴散型態

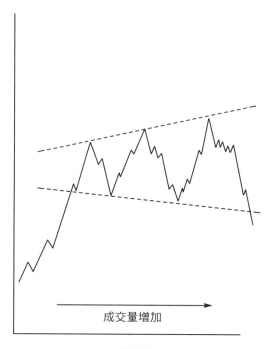

成交量增加

擴散型態

　　約翰‧墨菲（John Murphy）在《金融市場技術分析》（*Technical Analysis of the Financial Markets*）中指出：這種型態「代表非常情緒化的失控市場。因為這種型態也反映出民眾不尋常的熱烈參與，這通常出現在頭部，是看跌的空頭型態。」

三角整理雖然都伴隨成交量逐漸降低（但突破時須帶量突破），擴散型態則是呈現交投漸趨熱絡，顯示市場參與熱烈。

羅伯・艾德華（Robert Edwards）和約翰・麥吉（John Magee）在《股價趨勢技術分析》對這三種型態評論如下：

如果對稱三角形表示疑慮尚待澄清、矩形反映受到控制的多空衝突，那麼擴散型態可說是缺乏智慧參與的失控市場，這種情況通常是民眾興奮投入，卻連連遭遇市場謠言的狂暴打擊[27]。

市場中的情緒以及不同意見的推拉撕扯，通常會自行分成多空兩大陣營，這都可以在股價趨勢圖上的波動逐漸擴大和巨幅震盪中找到證明。而心理偏誤的具體作用，跟上述討論整理區間的支撐與壓力十分相似，但效應只會更強。

群眾未必全錯

許多專家都曾指出，在某些情況下群眾甚至會比個人的單獨思考更聰明睿智。比方說，史考特・佩奇（Scott Page）就認為，**一群人要是擁有不同的認知技能，而資訊也能在人群中聚集匯整，同時也有適當的誘因激勵，那麼群**

---

27. 羅伯・艾德華和約翰・麥吉，《股價趨勢技術分析》，第八版，第148頁。

眾確實會變得更聰明。但組成群眾的畢竟是個人，每個人都有不同的看法和認知能力，對於情境的理解和解讀都不一樣，認知捷徑的運用與事件預測方向也都不同。

來自群眾中個人的資訊必須加以匯整和分析，就像參與股票市場的群眾在那個地方的作為，或者是民主體制的公民一起自由投票表達民意。

第三個基本要素是個人在群眾之中必須受到適當的激勵誘導，他們才會努力做對，避免犯錯。換句話說，他們做對和做錯，都應該要承擔某種後果。

在這三個條件下，一群人似乎能在某些問題上勝過個人。比方說，要猜測一罐糖豆子有幾顆，一群人來猜必定會比單單一個人更準確。大家一起猜奧斯卡獎的得主，也會比較準確。現在也已經發現，面對困難問題時，即使團隊只有少數人知道正確答案，最後整個團隊的表現甚至也會比該領域的單個專家還要好。

霍華・阮高德（Howard Rheingold）也採取稍微不同的方法，發現個人相互合作可以找出平常無法運用的解決方案，而且這更是整體人類進步的條件之一[28]。

---

28. 各位可以到 TED 網站「www.ted.com」找阮高德的主題演講，非常有趣。「TED」的意思是「技術、教育、設計」），現在是全球頂尖思想家討論創新與靈感，傳播偉大創意的論壇。「TED」係非盈利私人機構育苗基金會（Sapling Foundation）在 1984 年創立。

資訊瀑布

在本章的第一部分，我們看到情緒變化對股票價格發揮重要作用，因為市場由分散人群組成，必定充滿各種情緒，由於眾人各自不同的未來預期使得股票價格隨之漲跌起伏。我們也知道，投資必須先確認市場情緒，並且判斷現階段整體氣氛是對還是不對。然後，我們也談到情緒如何在群眾之中傳播，或者是在有組織的成員之間傳遞，並因此強化群體的凝聚力。

我們透過勒龐的研究和著作，探索群眾的行為方式，然後觀察幾個情緒激昂的市場，才會出現的特定價格趨勢型態。但我們也強調，群眾未必就是愚蠢，有時候也會變得非常聰明。

所有這些可匯集為「資訊瀑布」（information cascades），可以跟「市場雪崩」（market avalanche）現象做比較。雪崩的形成是大量積雪從山上崩落，開始從斜坡滾動下來。大雪從山坡上直衝而下，匯聚成更大的質量與動量，就變成一股異常強大的力量。

市場雪崩

市場上也會發生類似雪崩的現象。不管是漲還是跌，

市場行情往往有走極端的可能。當這股市場動能控制眾多投資人，很可能就會急匆匆的衝上頂峰，接著馬上引發驚慌恐懼而暴跌探底。

但每一次市場雪崩，都是從資訊偶然點燃的火花開始。資訊可以是內生的，源自金融市場本身，或者來自外部，來自總體經濟體系。

像衡量通膨壓力的消費物價指數急升或增幅大於預期，就是外部資訊帶來火花的例子。這種狀況可能表示通膨壓力即將到來，而且利率也會隨之上揚。市場要是預期利率即將走高，公司未來的資金流量就會因為升率上升而出現較大的貼現，屆時股價也將下跌。所以市場對於通膨的預期，就會導致股市急劇調整。根據市場狀況的不同，這個資訊火花就能匯集一些追隨者或觸發相關因素，各項條件互相激盪而增強，從而刺激股價真的開始下跌。

市場雪崩可以由外部火花開始，接著再由內部火花相互激盪，如剛剛舉的例子所示。但也有反過來的時候：是由內部的資訊火花開始，造成股市開始下跌，然後加速導致整個經濟的衰退，此時即形成外部刺激，因為股價下跌之後，總體經濟的消費和投資活動都會趨於衰緩。

各位請記住，經濟就是個有機體，雖然存在許多部門，但彼此相互聯繫運作，息息相關，共生共存，很難加以明

確切割區隔。

　　資訊本身就會受到資訊所影響，具備改變世界的真實影響力。例如最近大宗商品的蓬勃行情，我們看到商品價格連番上揚，這是因為幾個人口大國的經濟正在迅速發展，而商品價格上揚又吸引更多投資人投入更多資金一起炒作。看到這種熱烈的盛況，投資商品供應商也樂於向市場提供所需的工具，例如商品交易所交易基金（ETF）。

　　這樣的正向回饋就會形成良性循環，但同樣的，負面回饋也會引發惡性循環。

循環激盪的信念

　　請各位注意，在造成多頭或空頭循環的資訊瀑布中，個人會把自己擁有的私人資訊，諸如證券分析和看法等都棄置一旁，只會採用市場群眾所相信的觀點和看法，這狀況就近似於勒龐所說的：「大家聚在一起之後，所有人的情緒和和想法都朝著同一個方向發展，個人的個性意識逐漸消失。」

　　當然，市場觀察家也都知道，有很多資訊火花一閃即過，永遠引發不了任何風吹草動。這種情況一直都有。但市場之中，往往是浪出多層，綿延不絕，很少是一浪到底那麼單純。

當市場橫盤整理時，就會出現許多這種相互矛盾的短命資訊，讓市場交易限定在某個範圍之內沖刷震盪。不過到了某個時點，可能就會出現一條強大資訊，足以引導市場上攻或下跌，消滅所有逆向勢力，或者是你發現到許多紛雜的資訊卻都指向同一個方向，例如在會計年度結束時許多公司同時發布財報（通常是四月、七月或十月，以自然年度做會計年度者則是在每年一月發布），就很容易出現這種情況。

投資人心裡總是會設想某一種情況，而這些資訊能檢證投資人的猜想。但要是辨識不出方向的時間越長，投資人就越擔心自己的猜想。

資訊瀑布會出現三個有趣的狀況：

①它表現出市場群眾行為的最佳（或最差）狀態，完全是一種集體現象。

②資訊瀑布引發的市場運動方向，至少在一開始的時候都是正確的。

③資訊瀑布引發的行情往往會跑過頭，趨向極端發展，這就給投資人提供很好的切入點。

我們在下一節討論億萬富翁投資大鱷喬治·索羅斯在他的反身性理論中怎麼運用資訊瀑布。

索羅斯的反身性理論

喬治・索羅斯在他的反身性理論中，提出一個分析架構幫助我們理解市場動態[29]。索羅斯認為，市場中出現不平衡，是因為行情背離基本面，被參與者的看法以及價格運動本身的資訊內容所取代[30]。

索羅斯說的「反身性」（reflexivity）有兩層意思。首先它是指結構組織中──例如市場──的理性思考參與者。第二層意思，他運用這個術語來描述回饋循環對事件本身與參與者認知方式的雙重破壞。而這個狀況就會導致市場不平衡。

他說：「反身性過程在歷史上極具重要性，它一開始是自我強化，到最後又會自我毀滅。這就是我所說的從繁榮到破滅的過程。」[31]

---

29. 以下對於該理論的描述，主要根據索羅斯的兩本著作。這兩本書雖然已提出反身性理論的架構，但索羅斯對此的思考還在不斷發展中。（譯按：這兩本書是指：The Alchemy of Finance, (John Wiley & Sons, 1994, New York, NY); Soros on Soros – Staying Ahead of the Curve, with Byron Wien and Krisztina Koenen, John Wiley & Sons, 1995, New York, NY.）

30. 在後來的著作和演講中，索羅斯指出市場從未達到真正的均衡狀態，但我們在此還是以衡概念來說明市場行為。

31. 喬治・索羅斯，《索羅斯論索羅斯》（Soros on Soros）。

索羅斯認為，反身性系統有三個過程發生作用：

① 原本會有一個潛在**趨勢**，在市場中影響價格。

② 參與者對於市場的看法，普遍帶有某種偏誤。

③ 股價雖然受到上述兩個因素所決定，但在某些時候它本身也會透過雙向回饋影響潛在**趨勢**和普遍偏誤。

這個從均衡到不平衡的過程開始運作，也就是市場從繁榮走向破滅，敏銳的觀察者可以在此找到絕佳的機會。

這個過程將會如下展開：首先，一個潛在趨勢逐漸浮現，最後被大家辨　識出來，這個辨識過程即會帶來強化。在這個開始的階段，流行趨勢會和盛行偏誤相互激盪相互支持。

隨著諸多勢態發展，偏誤會變得越來越誇張，讓行情漸漸跟基本面脫節。偏誤信念會受到系統衝擊的測試，而偏誤承受的衝擊越多，也會變得越頑強。在這個加速階段，偏誤會更為強勢的控制市場（或其他反身性系統）。

到最終，參與者會發現自己的偏誤，於是信念消退、疑慮漸增，在真相逐漸浮現之後，行情會出現停滯或進入末升段。

隨著信念消退，趨勢會在這個相信與懷疑的交叉點反

轉。反趨勢開始發展，並且產生反向偏誤，兩相激盪下造成舊趨勢的加速崩潰。

如圖 7.4 所示，即是反身性理論所描述的從繁榮走向崩潰的過程。

圖 7.4　反身性理論

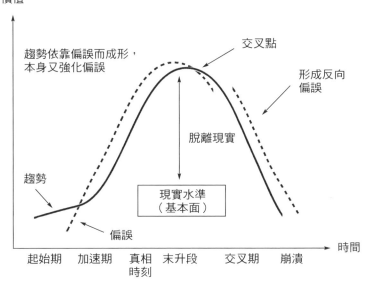

索羅斯這套理論可以為一些實例提供解釋，例如一九六〇年代後期的企業集團繁榮景象。不過他堅稱，這一大套原本是哲學的抽象理論，他是到了後來才發現到它

在市場中的實用意義，隨著時間的推移他的思考也愈加清晰。事實上，他也曾經非常熱中運用這套理論來解釋社會和政權的興衰起落，例如前蘇聯驟興驟亡，還有其他一些國家的歷史進程，展現出許多社會如何從繁榮走向衰滅。

索羅斯的思考是來自觀察現實世界的複雜性，但因為我們的行動也會影響到我們所觀察到的事物，所以我們不可能完全掌握其中存在些什麼。我們對現實的了解都是有缺陷的。市場中的其他參與者也都有同樣問題。因此，在任何時候，市場和我們自己都可能是對、也可能是錯，甚至雙方都是錯的。我們必須不斷的觀察，對於市場現況的看法加以測試，才能理解市場狀況代表什麼意義。

索羅斯的反身性理論提供一套哲學思考模型，說明價格與市場行為受到參與者思考與情感密切運作的過程。

社會、群眾與投資

- **情緒傳染和鏡像模仿在人群聚集時都會出現，這些現象都有助於市場散播情緒。** 情緒是短期價格的主要決定因素，儘管市場的異質特性，不同的人都有不同的目標和投資視野，但趨勢型態和價格往往走向極端。索羅斯的反身性理論很能說明這一整套的動態。

- **金融市場的參與者也可以看做是群眾的一部分，他**

們通常是透過網路或電子交易所以電子方式互相連結。市場跟各種群眾一樣，也很容易受到群聚效應的影響，而資訊瀑布也可能會造成良性（或惡性）旋環。

• 技術分析在描述三角形和擴散型態時，可以捕捉到市場表現出來的極端情緒。

重要概念

- 情緒
- 市場的異質性
- 新聞
- 情緒感染
- 鏡像神經元
- 三角形與擴散型態
- 資訊瀑布
- 內生與外來資訊
- 良性（惡性）循環
- 反身性

CHAPTER 8

性別：
男女有別

> 「就是這張臉，鼓動戰艦千帆齊發，讓特洛伊穿雲尖塔
> 付之一炬？甜蜜的海倫，請以一吻令我永生！」
> ——《浮士德博士》談到特洛伊的海倫，
> 克里斯多福馬羅（Christopher Marlowe）著作

我們首先要介紹兩個科學研究，這是調查男性和女性對於未來的看法是否不同，也因此更容易冒險。這些研究可以幫助我們了解，男性和女性在評估投資決策上會有什麼不同的行為。然後我們也要檢查睪酮素與皮質醇刺激我們冒險欲望的影響。

在最後通牒的遊戲中——也就是全輸或全贏——我們會看到人類行為有趣的一面。我們也要討論一下大腦對於公平的感覺。

最後，我們要檢討男性和女性對於風險的態度有什麼

差異。

外部刺激對個人感受未來的影響

投資可以看做是一道跨越時間的橋樑，連結今天付出去的錢和未來某個時點可以期待回收的錢。我們之前已經說過，對於未來的期待會受到情緒的影響，我們對於自己和周遭世界的看法，也會受到我們如何看待未來所影響。

本章要介紹幾個實驗，顯示我們運用的折現（discount）因素——即對未來的折現程度——取決於我們所經驗到的各種動機刺激，甚至連看到漂亮的面孔都會受到影響。

「性」致勃勃的男性對未來大打折扣

加拿大安大略省漢密爾頓的麥克馬斯特大學（McMaster University）心理學家馬哥·威爾森（Margo Wilson）和馬丁·戴利（Martin Daly）提出一個有趣的問題：引發性愛思考的刺激，會讓個人對未來的折現率提高嗎？這個實驗的受測者被要求觀看異性照片和汽車照片。

威爾森和戴利找來九十六位男大生和一百一十三位名女大生來參加實驗，這些同學都是自願參加一項研究「喜愛偏好」的實驗，這是他們選修心理學課程的一部分。那些學生在分成不同的小組之後，威爾森和戴利先測量每個

學生的折現因子以確保實驗符合適當的設計，確定那些學生會在什麼時候放棄立即性的金錢獎勵，轉而期待未來更大的報酬。然後再根據不同的分組，給他們觀看十二張「辣」或「不辣」的異性照片，有的則是觀看「酷」或「不酷」的汽車照片。看完之後，再由威爾森和戴利進行第二次折現因子測量，看看這些照片對大家的反應是否帶來影響。

兩位研究專家指出：「正如所料，男性在觀看美女之後，對未來的折現率會顯著升高，但觀看非美女的男性及觀看男生照片的女性，則沒有受到影響。」作者也發現，觀看汽車照片的男性和女性也都沒有顯著受到影響。

威爾森和戴利的研究非常有趣，因為他們想到喚起受測者性愛思考的刺激，來證實我們對於未來的折現率很容易受到實驗操控的影響。

在做這個實驗之前，學者專家已經知道折現率會跟著個人稟性而變化。比方說，海洛因上癮者的折現率會比正常人高，而且還會隨著注射毒品後的時間遞延而升高。我們也知道，男性對未來打折扣打得比女性更嚴苛。而且就男性而言，這種折現嚴苛傾向也影響到金錢方面，所以男性通常更勇於冒險。

研究人員運用核磁共振造影（fMRI）研究發現，年輕的異性戀直男被動檢視美女臉照，大腦的報償迴路（reward

circuitry），特別是伏隔核就會活躍起來，我們之前說過這是大腦負責處理風險與報酬的部位。另外，對於金錢的預期與實際收到時，也會刺激大腦的報償部位。

承擔更大風險的誘因

要是美女會讓男性對未來折現更加嚴苛，她們也能誘惑男性承擔更大風險嗎？

史丹佛大學的布萊恩・克努森（Brian Knutson）團隊的研究實驗，找來十五位異性戀直男觀看三種圖像：正面（色情姿勢的情侶）、負面（蛇或蜘蛛）和中性圖像（家用電器）。然後要求他們玩遊戲下注一美元或〇・一〇美元。大家的輸贏機會都一樣，贏得的獎金也都可以帶走。

研究人員發現，受試者在看過色情圖像以後，比負面或中性圖像誘發更多一美元的賭注。實驗過程透過磁振造影監測，發現男性在承擔金融風險之前，大腦伏隔核活動就會升高。

所以，似乎是大腦伏隔核及其他報償部位受到刺激時，男性對於未來的折現就會更加陡峭，也樂意承擔更高風險。

另外也有一些學者研究睪酮素的作用。

荷爾蒙與冒險

睪酮素是男性睪丸和女性卵巢分泌的類固醇激素。雖然女性對於這種荷爾蒙也非常敏感，但它通常是跟男性有關，因為成年男性分泌的睪酮素是女性的五十倍之多。

睪酮素對人體性功能發揮重要作用，可以增強性慾和能量，對於製造紅血球細胞和防止骨質疏鬆方面也極具影響。男性和女性體內的睪酮素劑量差別很大，高劑量女性的睪酮素也可能會比低劑量男性還高。而我們身體中含有多少睪酮素，可以透過唾液來測量。

睪酮素與交易

劍橋大學的約翰・科茲（John Coates）和喬・赫伯（Joe Herbert）連續八個工作日檢測倫敦金融區某銀行的男性交易員，研究睪酮素對他們的影響。其實這位做實驗的學者科茲在進入學術界之前，就是華爾街的交易員。

科茲和赫伯每天早上和下午，也就是交易前和交易後檢測男性交易員的唾液，發現睪酮素水準和當天獲利狀況有直接的關係。早上睪酮素較高，不但跟當天獲利較多有關，成功交易後還會讓睪酮素更加升高，帶來更大信心也更樂意承擔風險。

比方說有一位交易員有一天的獲利突然是平均值的好幾倍，而他這一天的睪酮素劑量也比每日平均水準多出五十六％。另一位交易員連續六日創下佳績，獲利是每日平均的兩倍，他的睪酮素水準也比平均水準高出七十四％。

這些行為在多頭市場當然都很好，因為順風順水讓你願意承擔更多風險，而且在多頭市場時大家的表現都有如神助。但要是市場方向不是那麼確定，承擔太多風險也許就會發生反效果，導致重大虧損。

研究人員指出，因為荷爾蒙對認知和行為都有影響，市場劇烈震盪時導致類固醇劑量升高：「可能會改變風險偏好，甚至影響交易員理性做選擇的能力。」他們還表示，有一位學者看完實驗報告後評論指出：「這種類固醇回饋循環，也許可以解釋市場會像波浪一樣運動的傾向，經濟學家稱之為『自我迴歸條件異質變異數』（ARCH）。」

這種價格和震盪的波動模式在價格趨勢圖上可說比比皆是，反映出市場中的人類行為。科茲與赫伯的研究對這些提出一種解釋，把觀察更深入推進到人體的生理學之中。

壓力荷爾蒙──皮質醇

劍橋大學研究的另一種荷爾蒙是皮質醇。皮質醇是由腎上腺產生，學界稱為「壓力荷爾蒙」，因為它與我們的

壓力反應很有關係，血壓和血糖的升高也都與它有關。

我們每個人的皮質醇含量差異很大，而且每一天的高低起伏甚至超過睪酮素。不過皮質醇的日常變化似乎維持一定周期，早上很高，可能是要在清醒時先為身體做好應付壓力的準備；半夜時就非常低，入睡後大約四小時會降到最低點。

從許多方面來看，皮質醇和睪酮素的作用剛好相反，因為它會抑制攻擊和過動傾向。皮質醇讓人厭惡風險，當市場疲軟、價格下跌時，皮質醇就可能會升高。因此，市場參與者的血管中要是有太多的皮質醇，就可能會造成市況下滑。

科茲和赫伯發現：「交易員的皮質醇會跟隨交易的變化和市場震盪而上升。」這裡是有兩大因素在起作用：交易的結果會影響皮質醇分泌，而震盪的市場會誘發更高的壓力荷爾蒙。

實驗結果顯示：睪酮素可能會帶來泡沫行情，而皮質醇可能會對市場崩盤造成影響。

因此，荷爾蒙分泌高低也會影響交易行為，而且隨著市況變化又變得更高或更低，市場的定向趨勢或膠著遲滯都與此有關。

因為知道是這樣，據說有些交易員會服用荷爾蒙補充

劑，來強化或抑制交易情緒。

最後通牒賽局

　　現在假設各位自願參加一場心理學實驗。現在請坐在小房間裡頭，聆聽再來要進行的實驗。研究人員說在這幢樓的另一個房間裡頭，也有另一個人正在了解這個實驗。對方跟你一樣，知道有另一人參加實驗，但彼此都不知道對方是誰，也不知道對方是男是女、是老是少。研究人員說，你會拿到一百美元，但這筆錢必須跟另一人分享。要分多少給對方是由你決定，但願不願意接受你的提議則在對方，如果對方接受的話，你們兩人才能按提議的額數拿到這筆錢。要是對方拒絕你的提議，那麼你們兩人都得不到半毛錢。所以這一百美元，你要是分給對方越多，就越可能獲得對方的認可。

　　跟往常一樣，決定最佳方案其實是要靠邏輯推演，但我們人類的行為幾乎總是糾纏在情感和情緒之中。在另一房間裡的那個人如果是完全理性，那麼不管你分他多少，就算只有幾毛錢，他都應該要接受，因為再少也強過一毛都沒有。然而實際上找人來做這個實驗，卻有很多人拒絕對手提議。通常都是因為分配給對方的金額太少，另一房間的那一位就會拒絕你的提議，儘管他知道拒絕就得不到

任何好處。對方所以拒絕，只是為了要讓你嘗嘗小氣又吝嗇的後果。

現在我們把分錢那一方稱為「提議者」，決定要不要接受的那一方稱為「回應者」。

玩遍全球的賽局

這個「最後通牒賽局」後來在全球各地都有許多學者專家進行研究，並匯整各方結果進行整合分析（meta-analysis），這是結合研究結果測試相關假設的統計技術。在歐斯特比克（Oosterbeek）團隊的研究中，發現提議者提供的比例平均是總金額的四十％。總金額越大，他們提供的分配比例就越小。而提議者要是越沒經驗，他們提供的比例也會越高。平均而言，有十六％的提議遭到拒絕。總金額越大、提議比例越高，拒絕率就越低。有些實驗允許運用策略，要是其中採用任何類型的策略，回應者就更不願意接受提議。而綜合全球各地的實驗結果，沒發現到提議方的行為有任何明顯差異，但回應方的行為則各有不相同。

有些文化差異造成的結果會讓人大吃一驚。巴布亞新幾內亞的奧族（Au）和葛鬧族（Gnau）的提議通常高於五十％，但大多數還是遭到拒絕。

跨越文化的全球最後通牒賽局研究顯示，世界上大多數金融市場雖然都有相同的特徵，但往往還是存在顯著差異。

情緒化的大腦

　　大腦還有一些部位對各種決策似乎都會產生情緒上的重要作用：腦島，這是大腦皮層的一部分，「灰質」的最外層。克努森（Knutson）和昆倫（Kuhnen）發現，風險厭惡和無風險選擇似乎都跟這部分的大腦活動有關。

　　根據磁振造影掃描最後通牒賽局的提議者與回應者，發現比例偏少的提議與拒絕通常都跟大腦前腦島兩側的活動有關。這些都不是大腦負責邏輯思維的部位，負責理性思考的是在前額皮層。大腦前腦島的左右兩側是跟憤怒、疼痛、痛苦、厭惡、飢餓、口渴、生理激動和負面情緒有關。大腦的這些部位現在已知是跟情緒和道德選擇的問題有關係（參見底下的「大腦的公平感覺」）。

　　《蜥蜴腦賺錢術》（*Mean Markets and Lizard Brains*）的作者泰瑞・伯南（Terry Burnham）在最後通牒賽局實驗中發現，那些拒絕分配比例偏小的男性，其睪酮素分泌高於接受者。睪酮素在此似乎再度發揮重要作用。

　　伯南認為，那些拒絕模式與睪酮素的關係，可能是為

了在階級制度中維持支配優勢，具備社會支配力的男性挑起衝突才能保持地位。而睪酮素似乎會對大腦中比較古老也比較原始的部位產生刺激，因此導致與外界的衝突和對抗。正如我們所見，拒絕提議其實是不合乎邏輯的選擇。

大腦的公平感覺

各位要是以為公平感和道德的良善選擇是人類大腦的最新發展，伴隨著協調和邏輯思考而來，那你就錯！

研究學者許明（Ming Hsu）團隊在一項實驗中要求二十六位成年人為孤兒分配膳食。從磁振造影掃描可以看出，大腦的腦島區越活躍，就越可能公平分配膳食。

這些專家針對「分配正義」進行研究，這是關於利益與負擔如何以公正和道德的方式做分配，在公平與效率之間的做權衡取捨的決策。

大腦的特定部位會對效率問題做出反應，腦島則會對不公平做出反應，還有第三個部位（尾狀核／中隔區）會綜合衡量效率與不公平。而**追求公平就是腦島反應的動力**。

研究學者指出，公平感是分配正義的基礎，但其中所牽涉到的運作其實是情緒。專家表示：「更普遍而言，我們每個人在公平考量和遵守道德規則方面的差異，可能是以違反規範的情緒反應做為基礎。」

許明、安任（Anen）和奎茲（Quartz）這個有趣又重要的研究，不但揭開最後通牒賽局中回應者有時會拒絕提議的原因——因為他們覺得自己的公平感遭受冒犯——也讓我們知道，唯有維持公平、除弊肅貪，才能保護市場和運動競賽的蓬勃發展；所以監管機構都要努力確保公平競爭，根絕內線交易等弊端。

不公平、不道德會引發腦島反應，讓參與者望之卻步。睪酮素分泌高的人寧可餓死，也不甘遭受不公不義的損害。

面對風險的態度，男女有別

加州大學戴維斯分校的布雷德・巴伯（Brad Barber）和特倫斯・歐汀（Terrance Odean）說服一家不具名大型折扣股票經紀商，允許祕密訪查七萬八千個家庭帳戶並進行深入分析。訪查這些帳戶就是研究學者的「自然實驗」，他們曾用這個描述來形容這項研究。二〇〇一年發表的一份研究報告，通常被稱為「男生就是男生」（Boys will be Boys），主要是針對性別方面的問題。

正如本書之前談過的，我們常常會高估自己的知識和能力，這表示即使風險厭惡的程度一樣，太過自信的投資人也會持有高風險投資組合，包括投資組合分散不足的情況。

巴伯和歐汀之前的研究顯示，跟基準指數相比，頻繁交易往往會讓投資績效變差。而頻繁交易似乎跟過度自信有關。此外，這兩位專家也指出，過去發現投資人常常在資訊不足的情況下就採取行動，這除了過度自信之外也沒有什麼理由可以解釋。所以說，**過度自信對於頻繁交易、自尋風險和倉促決策，都是比較合理的解釋。而這些狀況當然都不是理性的行為。**

　　研究學者已經證實，雖然男性和女性都會表現出過度自信，但男性通常比女性更嚴重，尤其是那些大家認定可以表現「大男人」的事情。在財務和金錢方面，男性也常常覺得自己比女人屬害。研究還發現，男性的自我歸因偏誤比女性更嚴重，一旦表現良好就更加以為自己了不起，而這也會讓原本就有的過度自信更加離譜。

　　之前的研究也顯示[32]，男性會在安全性分析上花更多時間和金錢，對於營業員的依賴程度比較低但交易比較頻繁，預期報酬更高，也比女性更相信報酬可以預測。研究發現，男性和女性都希望自己的投資組合能夠超越大盤，但男性

---

32. 研究發現匯整及相關參考請參見巴伯和歐汀的論文：Brad M. Barber, Terrance Odean, 'Boys Will be Boys: Gender, Overconfidence, and Common Stock Investment,' Quarterly Journal of Economics, February 2001, 116, no. 1: pp. 261-292.

的期待明顯高過女性，他們都期望大勝。

所有這些發現都指向男性比女性更容易過度自信，因此，巴伯和歐汀就是根據性別來畫分資料；太過自信的紳士和比較含蓄的女仕。

在分析可以確定開戶者性別的三萬八千多個家庭帳戶資料後，兩位專家在一九九一年二月至一九九七年年一月的六年間陸續公布研究報告。他們的調查結果顯示：

與過度自信模型的預測一致，我們發現男性的普通股交易額平均是女性的一倍半。雖然交易造成報酬淨額減少的情況是男女都有，但男性每年還是比女性又更少了○·九四個百分點。

單身男性和單身女性的交易額及報酬績效的差異更加明顯。單身男性的交易額比單身女性多了六十七％，每年報酬率比單身女性低了一·四四個百分點。

當然也不是每個人都這樣，這世界上也是有很多謹慎小心的男性和熱愛冒險的女性，但「男生就是男生」的研究確實顯示出兩性某些普遍特徵，也許這是告訴我們：男性要更謹慎，而女性不妨更積極。

性別與技術分析

性別會影響交易方式，因此本章特別探索了許多跟風險承擔與個人的未來折現有關的生理現象。男性可以對自己更加謹慎，而女性則稍微多冒點險，也許都可以改善投資績效，但讓我們自尋風險或避免風險的影響，往往跟生理條件有關。

最後通牒賽局凸顯情緒影響決策的事實，並且顯示出全球各地的市場，都會因為文化的不同而帶有微妙差異。

如果性別對風險承擔有這麼大的影響，那麼分析的重要性──不管基本分析、技術分析還是計量分析──就更要注意啦。這三種分析雖然都帶有主觀成分，也要依賴明智的判斷，但還是可以在投資過程中導入客觀衡量的標準，一方面是有助於提升投資績效，再方面是克制情緒反應造成的交易衝動。

其實**技術分析本身就是一種認知捷徑，它可以捕捉和簡化市場情緒、市場氣氛和過去的價格變化**。而使用者就是在這個基礎上來判斷自己是否要進入投資。**技術分析也許跟所有的認知捷徑一樣還不到完美的程度，但還是帶來相當不錯的客觀性，尤其是建立在科學基礎的時候。**這樣客觀性有助於防止情緒暴走及荷爾蒙產生的不當反應

重要概念

- 未來折現
- 個人折現率
- 睪酮素
- 皮質醇
- 最後通牒賽局

PART 3

獲利的新模式：
行為金融學＋技術分析

BEHAVIOURAL FINANCE AND
TECHNICAL ANALYSIS

CHAPTER 9

技術分析的
行為面

「所有的運動都會變得太過。」

——伯特蘭・羅素（Bertrand Russell）

　　這一章我們要從行為金融學退後一步，先來全面了解市場的基本要素。**首先要知道的是，每筆交易都有三個要素：資金（M）、時間（T）和機率（P）**。這個「MTP」架構，不僅有助於分析投資決策，平常的個人選擇也可以運用。

　　其次是要檢視資產價格如何形成，這裡頭不是只有大多數古典金融學所假設的經濟因素而已，**還有更多的情緒和價格活動**，由此可以導引出「SEP」集合（此即情緒「S」、

經濟因素「E」和價格活動「P」）。**第三、我要介紹市場矩陣（market matrix）的概念：我認為市場是由趨勢追隨者、逆勢操作者和尚未決定的投資人所組成**，而這些投資人有的已投身其中、有些則尚在觀望。

本章的第二部分要探討趨勢如何發展。**趨勢會帶來極端股價（extreme price），形成支撐和壓力區域。**而這個趨勢、極端價格還有支持和壓力，都是投資人的高勝算交易機會。

整個技術分析的動態過程，可以看做是趨勢追隨者、逆勢操作者和未決定者（還有正在轉換類型的投資人）之間的戰鬥，每一個人都在人性作為的大背景中，想為自己爭取最大、最好的「MTP」架構。這就是行為技術分析的基礎。

我們需要收集更多證據，運用更多統計數據來驗證，才能完善行為金融學概念在技術分析上的應用，但這一領域應該可以證實成效豐富，而且就我們所知，可以對金融和投資帶來徹底的改革和創新。

先從行為金融學稍退一步

到目前為止，我已經簡單說明行為金融學，重點介紹投資決策時的各個方面。

行為金融學概分六大類。我們已經談過人類處理周遭環境的複雜性，也知道感知的種種和它本身對於決策的重要作用。然後我們也討論過厭惡的本性，尤其是投資人對於風險的不同態度。最後是檢視社會因素與性別對於決策的影響。

我們現在要先從行為金融學後退一步，以便檢視總個市場和投資過程。這會讓我們能夠更加透視行為金融學，把它跟技術分析做更好的整合，知道要怎麼更深入的運用這套方法來提升獲利。

有很多人提出過許多投資方法，也發展出許多決策架構。我會在這本書寫下我自己的方法。這套方法也是我發展數年，仔細研究各種理論再加以實踐的結果。我深入研究市場、觀察投資人，也研究過許多成功投資的方法。各位可以從本書討論的行為金融學觀念了解如何妥善利用這些技巧，但也不妨礙你選擇其他的好辦法。

投資的目標

我們投資時想要達成什麼目標？

我們想做到的是，**投入最少資金，在最短時間內獲得最大報酬**。

這聽起來好像很貪心，其實完全捕捉到投資決策三要素。各位不管是要買賣股票、債券、房地產、汽車、工廠，

或是進行任何冒險（包括開創職業生涯），都要仔細檢視這三個重點。這三個要素就是任何投資決策的本質。

投資決策的三大成分

我處理投資決策的方法都要考慮以下三方面：

- 資金：投資必定是跟金錢或某種資源有關。現在投入金錢，等日後再行回收。投資等於是用某個機會交換另一個機會。而資源必定是有機會成本。
- 時間：時間是任何投資決策的重要組成部分。投資必定是在一段時間內進行。投資還牽涉到進入與退出的時間點。
- 機率：挑選有利的機會，交易才會成功。投資人的任務就是在一段時間內找到勝算高的好買賣。

在任何交易或投資決策中，這三方面都不可偏廢。

圖 9.1　MTP 架構

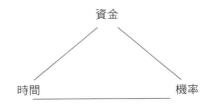

我會在「附錄三」列出「MTP」檢查清單，把所有投資架構應該考慮的重點匯整在一起。

機會的力量

由投資人心中設想的投資規模，大致上會決定要靠什麼力量來推動價值上漲（如果建立多頭部位）或下跌（如果是空頭部位）。

當日沖銷的交易員可能會尋找價格迅速震盪的股票，或是跟歷史紀錄相比，在今天或近日曾經突破新高或新低的股票。或者是他也可以去找那些價格出現極端表現的股票，買賣之後靜待勢態恢復正常。或者他也可以試著「套取價差」，也就是找昨日收盤與今日開盤價差很大的股票來交易，等待價格回到昨日收盤的方向。

另一方面，像巴菲特或查理‧蒙格（Charlie Munger）那種長線投資人會尋找「穩定產業中具備長期競爭優勢」的公司；或者像菲利普‧費雪（Philip Fisher）那樣，尋找管理良好又有研發計畫的企業，在可預見未來有能力維持成長的績優公司。

優秀的投資人必定會去尋找最好的「MTP」交易，這裡頭的資金、時間和機率三大要素都要對他們最為有利。而且**不管「M」和「T」的條件為何，優秀投資人一定要確**

保交易的「P」是絕對正確；先找到勝算高的機會，這才是交易成功的方向。

能夠抓住機會的力量，才能掌握投資的本質。

市場先生的角色

當然，這一切的動力，都是來自市場先生。

班傑明・葛拉翰（Benjamin Graham）在《智慧型股票投資人》（*The Intelligent Investor*）中也說過市場先生。市場先生每天都會到你家敲門，給你一張幾乎涵蓋各種投資的買賣價格清單。你可以跟他進行買賣，而且重要的是，你也可以每天都不理他。

大多數狀況下，市場先生以黃金的價格為你提供黃金、以鉛的價格提供鉛。但他也常常用黃金的價格提供鉛。不過在某些時候，太過沮喪失意的市場先生來敲門，也會以鉛的價格提供黃金。要是等到那一天，不管你原本要去幹什麼，都要請他進來屋裡，馬上跟他做交易。

但是這裡頭也常常隱藏一些複雜狀況。市場先生也許是用鉛的價格賣黃金給你，但你要是轉身就賣掉，大概也賣不到黃金的價格。所以你得等一等。所以囉！在你買進那些黃金之前，你要先確定自己有足夠的時間可以等，等到你可以用更好的價格賣出那些黃金。

要是你融資過度，金融槓桿玩得太大，很可能在賣掉黃金之前就先破產。要是沒有融資玩槓桿，你等個十年都沒關係，那你大概就能等到好價格。要是你能等待二十年，你應該就一定等得到好時機，因為每一代都會重複一些老把戲。

> 問題是：市場先生怎麼定出價格的呢？
> 答案是：根據「SEP」。

「SEP」：情緒、經濟因素和價格活動

不管什麼資產，今天的價值都是未來預期現金流量的現值，而隨著時間的推移，預期現金流量也會隨著我們認定適用的折現率而產生波動。根據這些因素在不同時間的變化，我們因此決定資產的未來價格。

事實上，我們預期從任何資產獲得的現金流量和我們採用的折現率，都是根據三個要素來決定：市場中的情緒（S）、經濟因素（E）和價格活動（P），字母簡稱即是「SEP」。而這些因素的組合，我稱之為「SEP」集合。

- 在討論社會主導情緒時，我們已經在第七章中詳細討論情緒的種種面向。這裡所說的情緒，是同時指

向投資人自己的情緒，還有市場所呈現的普遍情緒。

- 經濟因素則同時包括公司的基本面，也包括總體經濟前景。雖然有許多產業現在已是全球連動，由少數幾家跨國企業在主導，但某些區域因素仍然發揮重要作用。

- 價格活動是指資產價格的表現，例如大幅變化顯示上漲或下跌趨勢，變化遲滯則呈現橫盤走勢。

　　在第七章討論市場崩潰時，曾談到資訊來源可以是內生，也可以是外來的，也就是來自金融市場內部或外部的資訊，都可能引發崩盤。因此市場的價格活動，自有其動力。

　　當然，價格活動未必只是根據經濟因素或情緒。有時候是一些大戶或某些投資人聯合行動想操縱市場，想創造出於己有利的價格活動，雖然金融市場在這方面都有嚴格規定，不允許作手操縱市場。

　　資產的價格是來自「SEP」集合因素；除了交易的現價之外，也包含著一系列的未來價格。個別意見紛紛進入市場後，形成了市場價格。「SEP」集合因素也是資產價格變動的原因。

　　重要的是，價格變化也會反過來成新趨勢的催化劑，或者刺激趨勢持續強化或漸趨枯竭。

回顧我們研究價格形成的目的，是為了提升交易勝算，我們了解投資人「SEP」集合因素的變化帶來的趨勢會提供很棒的機會，因為它們不但能提供方向指示而且還會持續一段時間。

圖 9.2 中，資產最初定價為「SEP1」，未來價格略高

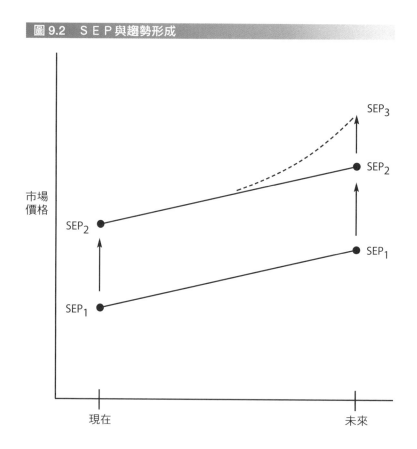

圖 9.2　ＳＥＰ與趨勢形成

於現價。由於情緒、經濟因素或價格活動的變化，導致市場看法也出現變化，不管是現在或未來的「SEP2」都變得更高。要是有更大的變化，市場參與者認為出現強勁趨勢，他們可能重新評估「SEP2」並開始進行調節操作，那麼未來那一天到來時或許價格就會上漲到更高的「SEP3」。

事實上，在邁向未來的每一刻，我們都在重新評估「SEP」、價格變化、新趨勢開始和舊趨勢耗竭。

「SEP」的行為金融面

價格形成並非客觀過程，而是受到行為金融學研究的許多偏誤所影響。同樣的，我們在評估未來價格的實現機率時，也很容易受到偏誤影響。這正是行為金融學與古典金融不同之處，後者強調的是理性經濟人。

情緒，顯然不是客觀的。我們早就說過，情緒渲染之下，我們的觀察和思考也都充滿了情緒和情感。我們可能偏向*樂觀*或*悲觀*[33]。**我們對於市場的看法，要是迭遭重大虧損之後，可能「*虧損厭惡*」和「*後悔厭惡*」都會升高。或者是在幾次大勝之後，我們就覺得自己很厲害，變得「*過度自信*」，「*控制錯覺*」急劇惡化。**

---

33. 在這幾個段落中，行為金融學概念以斜體字顯示。

這些偏誤既會影響未來價格的計算，我們可能在價格漲到某個水準時獲利了結，也會影響到機率的評估。萬一遭遇重大虧損，之後的價格預期和機率評估，跟多頭時期相比可能都會大幅偏低。對於經濟事實的解讀，甚至只是公司基本面資訊，都會變得極其困難。這裡頭通常會出現很多資料和含糊不清。因此，**當我們希望確定情勢、想要更加安全時，價格形成就會受到模糊厭惡所影響。**

　　另外，包括「*近因偏誤*」、「*可得性捷徑*」和「*代表性偏誤*」，也都會在我們解讀價格時發揮重要作用。因為最新的價格也許是最容易看到，所以它在我們的思考上就會變得更重要。有些熱門指數的走勢（例如金融時報一百指數或標準普爾五百指數等），會讓我們以為市場中所有股票都在漲，但其實只有股本大的股票在漲，其他都只是橫盤而已。最好笑的是，在這種情況下，就算我們持有的小型股其實沒在動，光看到指數在漲，就會以為是自己的操作很厲害。這就是自我歸因偏誤在作祟！

　　我們對於經濟因素和價格活動的解讀，是根據我們心理帳戶的架構。比方說，我正在寫這本書時，我注意到市場評論員常常以二〇〇九年三月反轉點做為錨定，大多數金融市場是從那時候開始止跌回升逐漸恢復。這就是評論員還是拿過去的空頭市場和回升行情做為刻板印象，用這

些資訊來對照評估當前發展。

因此，各式各樣的偏誤都會影響資產的市場定價，以及投資人對於有吸引力的資產或其他潛在交易的看法和決策。「SEP」集合會不斷變化，價格也會跟著改變。隨著舊趨勢枯竭，新趨勢取而代之，在最後消亡之前都會持續下去。

本章到此先做個小結：❶投資決策的目標，都是在我們設想的時間範圍內，以最低成本的資金，找到最高獲利的交易機會。❷我們要評估交易的可行性，就必須先搞清楚資產的價值。資產價值取決於市場情緒、經濟因素和價格活動（即「SEP」）。❸「SEP」不斷變化，因此預期價格也不斷改變。❹預期價格的變化確認舊趨勢或創造新趨勢，這些趨勢就能提供獲利的好機會。

掌握市場結構的方法

要找到勝算大的交易達到成功投資，我們要先掌握市場正在發生的狀況。透過建立市場結構模型，我們就可以研究市場動態。

投資人的三個類型

為了理解行為金融學研究的某些力量在市場扮演的角色，我們這階段要先了解不同投資人的行為和市場結構。

以下的說明雖然不完全符合傳統的解釋，但這是我多年來自行開發出來的模型，對於理解特定時間、特定市場中發生的狀況很有幫助。

我們觀察市場，可以推斷出三種不同類型投資人的行為和想法。

① **趨勢追隨者**

首先是趨勢追隨者。市場總會出現某種趨勢，也許是在上漲、也許是在下跌，不然就是橫向整理[34]。趨勢追隨者認為市場目前的情況將會持續下去。

趨勢追隨者可能已經進入市場或等待進入市場。投資人是否為趨勢追隨者，並不是看他在那個特定時間是否已經進入市場，而是根據他認為當前趨勢是否持續。**認為當前趨勢會持續下去的人就是趨勢追隨者**，即使他沒有因此就進入市場做多或做空。

趨勢追隨者當然大多數會進入市場，因為我們現在說的是投資人，而投資人只能拿錢出來賺錢，才是真正勇敢堅定支持自己的看法。那些光說不練的觀望者，對市場的影響力都相當有限，不會成為主流。

---

34. 大盤橫向整理，我們還是可以進行區間操作來獲利。

② 逆勢操作者

第二類投資人是逆勢操作者。逆勢操作者相信市場的方向即將改變。他們認為當前的趨勢已經到了強弩之末。逆勢操作者也未必進入市場，也是可能在場邊觀望。但他們若是進入市場，**其投資部位必定是與市場現行趨勢剛好相反。**

③ 未決定者

最後還有還沒決定的投資人。未決定者不知道現在是什麼狀況，不知道現行趨勢會繼續呢，還是不會。不管他們是否被動的進場投資，也不管是長期或短期，他們都可以不抱持特定觀點。但一直沒有決定的人，大部分都會退出市場。

我們可以把這種種狀況考慮在內，組成一個像這樣的市場矩陣，總共有九種組合：

市場矩陣

	趨勢追隨者	逆勢操作者	未決定者
做多	1	4	7
做空	2	5	8
未參與	3	6	9

在任何時候，投資人都可能在三種類型之間進行轉換，並且真正進場交易做買賣。

隨著時間過去，有些趨勢追隨者會變成逆勢操作者，有些逆勢者反而變成趨勢追隨者，或者這兩類也都可能變得猶豫不決，而原先還沒決定的人也會變成趨勢追隨者或逆勢操作者。有些參與者選擇退出，有些觀望者決定進場。換句話說，隨著「SEP」集合的變化，類型之間的轉換始終不輟，一直在進行。這裡頭有一種持續不斷的流動。

舉例來說，當市場呈現上漲趨勢，而我也認為市場會繼續上漲，所以我買進指數基金。這時候我就是進場做多的趨勢追隨者。我繼續關注市場，發現一些壞消息，開始覺得擔心，對上漲趨勢產生懷疑。所以我把指數基金賣掉，這時我是個離場觀望的未決定者。我對後市存疑，繼續研究市場。我雖然還沒獲得結論，但眼看市況強勢如昔，我不想錯失行情，所以我再次進場買進指數基金。此時我是尚未決定市場方向的投資人，持有多頭部位。過了三天以後，我又擔心市場隨時會下跌，所以手上的指數基金還是先獲利了結。然後隨即做空同樣那一檔指數基金，這時我就變成做空的逆勢操作者。狀況大概就是這樣在發展。

現在讓我們仔細看看那個市場矩陣。當趨勢上漲，而趨勢追隨者做多，就是在第一格。趨勢下跌的趨勢追隨者

則是第二格。如果市況持平，投資人可能區間來回操作，也就是在第一格及第二格之間來回移動；或者他認為區間操作無利可圖，那麼他會待在第三格離場觀望。

現在來看看上升趨勢形成會發生什麼狀況。首先，我們假設前一個趨勢是在下跌。到了某個時候，市場上會有一群見機最早的投資人，開始認為當前「SEP」因素集合顯示股價應該比市場現有水準還要高。從矩陣來看，不管他們原先是在哪個方格都會脫離，然後開始搶進做多。因為這時的大趨勢還是在下跌，所以這些人一開始是逆勢操作者，在第四格。隨著市場氣氛重新釐定，更多投資人認為價格會走高，因此紛紛跟隨第四格的那些人。到最後，整個趨勢轉向開始往上爬。那些最早發動攻勢的投資人已經成為主流派，這時候就不再是逆勢操作，而是成為趨勢追隨者。他們現在是在第一格。

會有更多投資人從其他格子轉移到第一格，上漲趨勢獲得更多確認，也匯聚更多力量。只要其他格子還有投資人，而且也陸續有更多人轉移到第一格，上漲趨勢就會獲得源源不絕的力量。

格子之間的轉移，通常伴隨著猶豫和再思三思。比方說在上漲趨勢中，第二格到第九格的投資人不會是以有規律、有秩序的方式轉移到第一格。事實上在一個多頭市場

中還是有很多行情上的起落反覆，讓趨勢追隨者提心吊膽極為不安。

而跟隨趨勢發展，會出現一些被稱為支撐與壓力的趨勢型態，我們在本章後頭詳細討論，這些趨勢型態都能提供勝算很高的交易機會。這些型態都是在股價嘗試穿越新領域又被擋回去，多空角力反覆震盪所形成。**通常狀況是，上升趨勢需要醞釀較長的時間才能完成，股價盤升逐層上攻，而下跌趨勢則是股價突然就大幅下跌。**

市場組成如前所示的一直在變化。在大多數市場中，這三種投資人彼此之間會出現某種平衡，其中有些投資人正參與其中，也有些人在場邊觀望，等待時機。如果只是

圖 9.3　投資人三類型

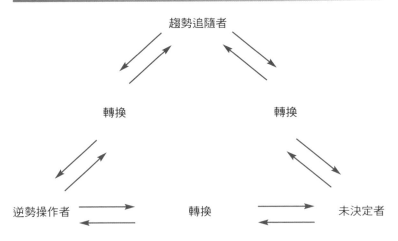

潛水觀望但從不參與的人，那就不叫投資人，但這些人也可以用其他方式來影響市場，例如透過公開評論。

這些關於趨勢追隨者、逆勢操作者及未決定者的討論，都可以跟索羅斯的觀點結合一致，我們在市場上可以是投資人也可以不是，看法可以是正確的也可能是錯誤的。當我們的看法和市場一致時，我們就是趨勢追隨者，不一樣的話就是逆勢操作者。有時候也會搞不清楚，不知道大盤動向為何。

新聞，轉換和震盪

各種研究顯示，成交量與股價震盪幅度正相關；這就是說，**成交量增加時，股價也會趨於震盪**。但這並不是說成交量導致震盪，而是兩者之間可能有什麼共同因素，同時影響到成交量和股價震盪。

市場在矩陣排列的多樣組合下，突發新聞和不確定性都會導致投資人「SEP」因素集合時，重新評估價格，於是這又造成身分的加速轉換；投資人在新聞發布、不確定性升高時，會更快速的在不同格子間移動。因此，在價格變化的同時，震盪性也會增加。就在這個時候，隨著投資人身分的轉換，成交量也因此放大。

透過這個方式，市場矩陣似乎就可以說明成交量與震

盪幅度何以正相關。

我們不該嘲笑那些尚未決定的投資人。事實上，有很多單純的趨勢追隨者也不奢望對市場走向有什麼意見或看法。有些人甚至連財金新聞都不看不讀的。他們會說經濟和市場太複雜，誰搞得懂啊！所以只要跟著趨勢走就對了。所以他們只關注市場正在發生的狀況，專注的做多、做空或離場觀望。

未決定者至少有一點值得肯定，就是他們完全不自大。他們不怕自己被證明是錯的，也不會在他們是對的時候太過傲慢。相反的，他們一直保有充分靈活，這種不會自我束縛的自由通常就是贏家與輸家的區別。

我們再來要將研究三種技術分析工具：極端價格、趨勢、支撐與壓力，以及它們在行為金融學的根源。

極端價格

不管是觀察整個市場或個股，也無論是連續觀察幾年、幾個月、幾天或者只是幾小時，都會清楚看到價格常常會走極端，也許是暴漲也許是暴跌。**極端價格總是以尖頂或尖底為標記，因為價格必定大反轉。**

同樣的，**近因偏誤和可得性捷徑也會在極端價格的形成中發揮重要作用。**急於在市場做多或做空、追隨既定趨

勢，這些往往不只是最新發展的態勢，可能也很常在新聞中看到，隨處都能找到的資訊。

加入趨勢的人會鼓勵群聚效應，也會帶來自我歸因偏誤和控制錯覺，而這些因素又會反過來強化趨勢。我們會在思維架構上接納價格暴漲暴跌往極端發展，忽略過去曾經遭遇的虧損。投資人會對趨勢發展反應過度，儘管是逼近極端水準，還是以為這種強態會持續下去。對投資人來說，趨勢就是一種認知捷徑，透過趨勢就能了解最近發生的狀況，這是難以輕易捨棄的認知捷徑。

價格的急劇反轉是處置效應造成的：當股價持續活動，投資人開始擔心帳面獲利會吐回去，有些人就會開始拋售。價格活動本身就是「SEP」集合因素的第三個組成部分，所以它會影響其他投資人，刺激他們也開始賣出自己的股票。價格會一下子暴跌，走向相反方向的極端。然後，近因偏誤和可得性捷徑又開始發揮相反方向的作用。這樣來來回回的價格活動，是任何市場都會出現的特徵；市場越是自由，價格的反覆震盪就越是活躍迅速。

極端價格可能表示趨勢出現變化。如果是這樣的話，價格出現尖形反轉，就此脫離原本的趨勢，不再返回。趨勢反轉也常常是由連續幾次極端價位形成，整個構成幅度較寬的震盪區域。

不過單一極端價格的逆轉，未必就是整個趨勢也會跟著改變。有時候只是因為價格活動飆過頭，超越了整體趨勢，因此這個反轉只是又回到原本的趨勢之中而已。

極端價格非常有趣也很值得研究，這種行情常常是高勝算交易的基礎，但它們出現的時間非常短暫，稍縱即逝，要訓練有素的老手才能正確辨識、及時捕捉。

技術分析和趨勢

技術分析可以說就是在研究趨勢。那些技術分析的書籍通常都會討論這些主題：

- 「趨勢」是什麼？
- 趨勢的方向為何？
- 是強勢還是弱勢？
- 趨勢在什麼時候可能轉變？
- 趨勢轉變時會發生什麼？

我認為，研究趨勢就是所有技術分析的最基礎，而且很多投資人在這方面的應用都很成功[35]。

---

35. 對趨勢追蹤法感興趣的投資人，可以從麥可‧卡威爾（Michael Covel）著作《趨勢交易正典》（Trend Following）開始。柯維就是現今趨勢投資法最主要倡導者。他最近公開的「海龜」交易紀錄，就是成功的趨勢交易團隊。

趨勢是價格走勢的方向，也就是市場的方向。具體來說，上升趨勢是就是頂部和底部逐漸墊高的過程，而下降趨勢則是頂部和底部持續盤跌。

　　而趨勢是什麼樣子，則是根據時間範圍來決定。在一個星期之內的上升趨勢，也許從整個月來看其實是在下跌。不過要是觀察一整年的走勢，也許又會發現其實是在上漲沒錯。**個別投資人會採用什麼樣的時間架構，是根據他們自己的「MTP」條件，也就是他們為自己設定投資賺錢的時間範圍。**但從不同的時間範圍設定，也都會發現一些值得研究的資訊。事實上有許多技術分析都會觀察各種不同時間架構下的價格變化來進行研究。

　　趨勢都會自我維繫，並且創造出自己的力量。就像賴瑞・威廉斯（Larry Williams）所言：

　　市場技術分析最引人注目的就是趨勢。我知道趨勢是價格形成的，但我認為趨勢本身也會引導價格，大盤如果處於大跌的趨勢，個股價格也會跟著滾下去。

　　趨勢追隨者、逆勢操作者和未決定者的市場結構模型，都必須關注當前趨勢。投資人也許參與、也許不參與，他們可能是追隨者、逆勢者或者還沒決定。

所以我們必須仔細研究模型趨勢的行為金融學因素，這些正是交易模型的基礎。

行為金融學和趨勢

正如第三章所言，我們人類最喜歡簡化周遭的複雜性。我們也談到說，我們會運用認知捷徑或經驗法則，以便迅速解決問題。

而「趨勢」正是最好用的認知捷徑之一。我們先是觀察到某些事情正在發生，然後認定現在發生的事情會繼續下去。所以，**趨勢是一旦開始，就會繼續下去的東西**。就跟任何社會的成員一樣，投資人也最喜歡跟著大家一起走，追隨群眾的方向。所以凱因斯才說：「世俗智慧的教訓是，寧可遵循傳統而失敗，切莫離經叛道而成功。」

趨勢捷徑受到近因偏誤的支持；對於最近才剛發生的事情，我們都會以為它們會不斷出現。最近發生的事情也比較容易清楚的記住，所以我們在考慮投資什麼時，可能就會先想到這個。

此外，正在發生或剛剛發生過的事情，也可能更容易被周遭媒體報導，這表示我們的大腦也更容易接觸到那些最近發生事情的資訊。因此，我們的**可得性偏誤**也會獲得強化，把我們看到的那些認定為現實。

趨勢追隨者傾向於選擇性認知，而且趨勢一旦形成就容易引發**確認偏誤**。那些符合信念的資訊，我們就覺得非常重要，有所衝突的資訊則遭到忽視。

所以，趨勢追隨者對於不符合趨勢的資訊會產生不足反應。同時，對於符合要求的觀察結果就以為代表了現實，這也是我們**代表性偏誤**的一面。而諸如此類的觀察，也助長我們的**控制錯覺**。

投資人的視野也會遭到扭曲，因為我們做決策時的所有替代選項，都在思考架構之中；這是我們的**架構偏誤**。因為我們只會注意最近的歷史和目前正在發生的情況，因此這個趨勢會主導我們的思考架構。

趨勢一旦形成，就會像雪球般越滾越大，把逆勢操作者和未決定者一一轉變成趨勢追隨者。這些轉換為趨勢帶來更多力量，趨勢追隨者的**確認偏誤**和**近因偏誤**會讓他們變得**過度自信**。

這樣一個運作良好的認知捷徑，當然是趨勢追隨者不願意放棄的。因此當趨勢最後開始枯竭時，很多趨勢追隨者會對新聞反應不足，從而消耗逆勢操作者的力量。

一段趨勢持續的時間，往往比基本面條件所顯示的更長更久，因為正如我們所見，經濟因素通常只是價格制定機制的一個組成部分而已。「SEP」因素集合中還有兩個

組成部分是情緒和價格活動，這兩項因素在趨勢開始減弱時仍會在一段時間之內發揮有利的作用。而這種過度發展的特性，正是提高勝算的好機會。

我這裡討論上升趨勢的行為金融面，主要是從趨勢追隨者的角度。當然這裡頭談到的許多偏見也會影響到逆勢操作者和未決定者。如果從那些投資人和參與者的角度來觀察，也都可以發現到確證。

要是所有投資人都已經加入趨勢，那麼這段趨勢也到了發生改變的時候，因為後繼已然無力，欠缺新動能。比方說，如果既成的上升趨勢，已經吸引所有投資人都跳進來買足了股票，那麼股價顯然也無力再漲了。它會橫向盤整，到最後就開始下跌，因為總會有些人被迫要拋售持股，例如他們需要現金買房子或大學學費等。

個案研究

下圖是標準普爾五百指數，這是標準普爾公司採樣紐約證券交易所和那斯達克市場五百家股本最大的上市公司股價匯編而成的指數。

我選擇這段期間，是因為它為我們提供一個非常好的例子，說明趨勢如何形成、如何持續，最後走向極端，然後反轉形成新趨勢。

圖 9.4　標準普爾五百指數，1995 年 9 月～ 2009 年 10 月

　　首先，請注意我在圖上畫了五條直線，這是過去十四年來的主要趨勢。最後一段趨勢是從二〇〇九年三月十日才開始，看起來當然相對較短。

　　圖上有四個轉折點，標記為「A、B、C、D」。最後的轉折點「D」是標準的尖形反轉（譯按：又稱「V型反轉」），以三月九日跌到最低的六七六點為標記。另外的「A、B、C」三個轉折，則是由兩、三個極端價位和大幅震盪組成（又稱「M頭」及「W底」）。各位在「B」點附近即可清楚看到震盪行情。

　　我在圖的左側標出一些沒有導致趨勢扭轉的極端價位，即數字標記「一」至「七」。請各位注意，這些極端價位

也跟「A」到「D」的反轉區一樣尖銳，點「二、四、五、七」從高價回落似乎就要扭轉趨勢，而點「一、三、六」都在探底後又迅速拔高。

仔細看一下二〇〇三年從「B」點開始到二〇〇七年「C」點之間的趨勢，我們會看到標記「X、Y、Z」三個箱形整理。這些就是支撐和壓力區之所在[36]。各位請注意，「X」的頂部後來成為「Y」的底部，而「Y」的頂部又成為「Z」的底部。**在每一個箱形整理中，我們都會看到價格先經震盪最後才會突破，站上到另一個區域。在趨勢行情上，我們都會看到類似的箱形整理支撐與壓力，因為趨勢就是這樣反覆來回逐漸成形推展的。**

支撐與壓力會為高勝算交易提供許多機會，也是我們應該選擇何時加入趨勢的最佳指示。

本章稍後我會再詳細討論支撐與壓力的行為金融面。

最後，請各位看看圖 9.5 和圖 9.6 中的標準普爾五百指數。第一張圖是從二〇〇九年一月至二〇〇九年十月，第二張則是從二〇〇九年三月才開始，也是到二〇〇九年十月。

圖 9.5 顯示指數從一月的九三〇點附近跌到三月的

---

36. 支撐和壓力也常被稱為「線」，不過我比較喜歡把它們看做是「區域」，因為確實的價位點往往參差不一。

圖 9.5　標準普爾五百指數，2009 年 1 月～ 2009 年 10 月

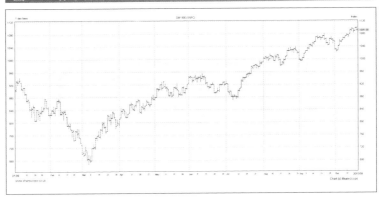

圖 9.6　標準普爾五百指數，2009 年 3 月～ 2009 年 10 月

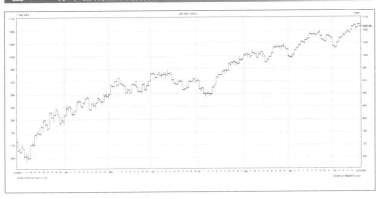

六七六點，然後又爬升至大約一〇七〇點。但各位要是在
二〇〇九年十月聽股市名嘴評論的話，大家只會看到指
數從三月的谷底翻升，然後一直漲一直漲。第二張圖看

起來就是那個樣子。各位會注意到漲勢是多麼兇猛陡峭。這種理解方式，我稱之為「特殊時點架構」（special time frame），這是那些名嘴或分析師在市場上強迫推銷自己選定的時間架構，並根據這個時間段落做出自己的結論。當市場行情推進到轉折點附近，這種強迫推銷的時間架構就會常常出現。

　　避免受到特殊時點架構的影響，也是技術分析要注意的重要原則之一。我們一定要在不同的時間架構下反覆分析價格變動才能掌握真相。

支撐與壓力

> 「我通常根據股價趨勢圖上的支撐與壓力區來設置停損。」
> ──《麥米倫談選擇權》，羅倫斯・麥米倫（Lawrence G. McMillan）

　　支撐與壓力（support and resistance）通常被看做是同一個價格型態，這也是技術分析的重要概念之一，這是因為它能對行情變化做出清楚的解釋和說明，有能力的技術分析師運用起來，更能發揮不少預測能力。

　　這個價格型態可以解釋股價現在的變化，以及短期內會在哪個範圍內活動。支撐與壓力型態在不同時間範圍都

會有不錯的表現，不管是當日沖銷或中、長期投資都能加以運用。

　　支撐與壓力顯示認知與情感捷徑在價格型態形成時發揮重要作用，而行為技術分析的核心假設即是在此。

　　各位檢視下列圖表時，請注意支撐區與壓力區本身就是由許多極端價位和急速拉回所組成。不管你檢視的時間範圍是長是短，也許是一周、一天、一小時或者只是幾分鐘，這個狀況都是一樣。讓支撐與壓力區特別明顯可見，就在於股價的反覆來回都只會在一個有限的狹窄區間刷動。

圖 9.7　駿懋銀行集團，2003 年～ 2007 年

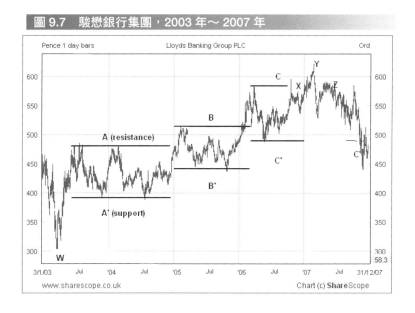

這個價格型態，以下是我在股票市場中挑選的真實案例。圖 9.7 是駿懋銀行集團（Lloyds Banking Group plc）二〇〇三年初到二〇〇七年底的股價表現[37]。

而在這段期間之前的價格走勢是這樣的：駿懋股價在二〇〇二年五月抵達相對高檔八・一七英鎊之後，一路慘跌到二〇〇三年三月中旬甚至跌破三英鎊，在圖 9.7 中以「W」點標示。這是駿懋股價的超跌表現，因為上一次出現這個價位已經是一九九六年，七年前的事囉！

我們之前就談過市場常常會一開始反應不足，之後經過劇烈震盪調整，又變成反應過度。這個就是好例子！我們在這個時候就能撿到大便宜。

專門撿便宜的逆勢操作者就是在這個時候強力進場，股價才會在「W」點探底後迅速拉升，在「A」線和「A'」之間形成圖中的第一個支撐與壓力區，股價在四英鎊和四・八〇英鎊間上下震盪。

在這個交易區間內，我們可以看到過去的逆勢操作者現在已經變成趨勢追隨者正拚命繼續推高股價，而新的逆勢操作者則認為超過四・五〇英鎊的價位都是漲得太快，因此賣壓沉重，雙方在這條中線你來我往纏鬥甚久。

---

37. 以前叫做駿懋 TSB 集團。

標記為「A」線代表壓力線，標記「A'」線是支撐線。所謂的「壓力」是指那個價位附近有一道無形的阻力，讓價格難以突破。「支撐」則是指阻止價格進一步下跌的底線[38]。

支撐線和壓力線通常是平行的，不過要明確標示到底是在哪個水準，也是運用之巧妙存乎一心，因為股價在區間翻騰，也不見得必定完全落在區間之內。這兩條線距離多遠或多近，也是變化多端。

我們可以看到，在二〇〇三年五月到二〇〇四年底之間的二十個月裡，股價一直在處於「AA'」線形成的支撐與壓力區間刷動。當時的大盤，以金融時報一百指數來說，是正在緩慢攀升。

當市場橫盤整理的時候，必定也發生許多狀況，但股價看來像是不知道自己該何去何從。

運用行為金融學說明支撐與壓力

在區間整理的第一階段，在「W」點錯過搶進良機的逆勢操作者會等待價格再次回落。他們都會感到後悔，那

---

38. 但是各位請記住，市場行情強勁的話，輕易就能突破支撐、壓力區。在市場研究中，很少碰上什麼絕對難以突破的支撐、壓力線（如果有的話）。

時候跌到那麼低，怎麼沒有搶進。而此時，那些新的趨勢追隨者正在觀望。此時主導市場氣氛的偏誤就是虧損厭惡，他們希望先看到股價再次暴跌才敢投入資金，大家都擔心股價可能再次跌到三英鎊甚至更低。各位請記住，股價從八・一七英鎊跌到只剩三英鎊，是跌了六十％以上囉。誰敢說它不會再下跌？

股價從三英鎊回升之後，苦撐待變等待回本的套牢者就會發揮作用。這些因為股價暴跌只好緊抱不放的投資人，可能早就下定決心，一旦股價回升就要趕快賣掉。他們已經遭受太多痛苦，內心的悔恨更是比天高。所以等到股價回升到四・八〇英鎊時，他們就出來扮演自己的角色，賣壓潮湧而出，從而形成壓力線「A」。

因為賣壓湧現，股價應聲回落。那些錯失三英鎊良機的投資人，看到股價漲回四・八〇英鎊，早就搥胸頓足懊悔不已，此時也早就下定決心，一旦看到股價再次回落，一定進場搶進！所以他們看到股價回落，雖然只是稍稍跌破四英鎊就忙不迭的出手搶買，因此在那個地方形成支撐線「A'」。

他們在此出手也不是沒有理由的，其實這很常見，因為股價已經不大可能跌到四英鎊以下。各位也許想問，為什麼剛好是「四」英鎊呢？因為這就是「三」英鎊之後的

整數嘛！聽起來好像是無稽之談是吧？但事實上，支撐區和壓力區常常就是在整數形成關卡。

各位讀者大概也會懷疑，市場在形成支撐與壓力時，這三種類型的投資人應該也會有許多的轉換，這是當然。

盤整鞏固

我們看到股價在「A」線和「A'」線之間刷動，而且在那個區間內持續盤整了大概二十個月。在那二十個月裡，股價大概就釘在那附近，而那個區間就成為股價的現狀，一些比較保守的投資人就不能輕易接受變動，認為這支股票的價格可以更高或更低，至少在短期到中期之內不可能。**這個新區間也就成為近因區間，受到近因偏誤的支撐，所以之前破底急跌的行為也就緩和了。**

股價在那二十個月逐漸盤穩。參與駿懋股票的投資人，包括多頭、空頭和觀望者，在這段期間把股價維持在這個區間，他們克服自己的悔恨，也克服了套牢者的逃命賣壓。但交易員不是很喜歡橫盤整理，這種行情通常賺不了多少錢，除非是進行震盪區間操作，在「A'」價位買進、在「A」價位賣出；但**其實橫向整理還是個重要指標。比方說有些交易策略就專找經過橫盤整理的股票，認為歷經盤整的股票才會穩。**

角色變化

我們繼續來看駿懋股票。二〇〇五年初，它突破四·八〇英鎊的區間頂部，於是壓力線升高到五英鎊左右。各位會發現這是一個非常重要的階段，稍後就會談到。

各位會注意到，儘管壓力線只是從「A」稍稍升高到「B」，支撐線從「A'」升高到「B'」卻漲了好大一段。於是現在形成新的支撐與壓力區「BB'」。

股價突破壓力線「A」才上漲到五·一〇英鎊，馬上就出現沉重賣壓，這可能是處置效應導致一些持股人急於獲利了結；這些投資人原本不是為了股價上漲，而是等著駿懋配發股利，每股可以領到二十三便士，算是短時間就能獲得很不錯的利潤。

各位請注意，這時新支撐線「B'」會比較靠近原本的壓力線「A」的價位。這很常見。在股價持續上漲的時候，舊的壓力線通常就會變成新的支撐線。而股票下跌時，舊的支撐線又會變成新的壓力線。如圖 9.8 所示。

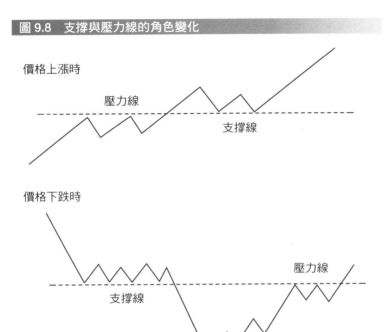

圖 9.8 支撐與壓力線的角色變化

價格上漲時

壓力線

支撐線

價格下跌時

壓力線

支撐線

　　支撐線和壓力線的角色變化，可能是因為投資人的保守傾向和近因偏誤所致，在上升趨勢中錨定在過去壓力線，而下降趨勢中錨定舊的支撐線。錨定標記一旦形成就很難忘記，因此在趨勢改變時，其角色也跟著發生變化。所以在股價上漲時，壓力線就變成支撐線，而股價下降時又從支撐線變成壓力線。

在行為金融學的概念發展出來之前，像這種支撐與壓力型態通常被解釋成，當資產價格（股票、商品或房屋）突破過去的價格區間，會讓之前的交易者感到後悔：買家覺得自己買貴了，賣家覺得自己賣得太便宜。雙方人馬都期待扳回一城的機會。所以價格一回到過去水準，他們就出手了。

仔細看看圖九・七的駿懋股價，會發現第二個區間整理不像第一次那麼久，「BB'」盤整才一年，而「AA'」花了二十個月。這是因為「B」線和「B'」線的錨定點和之前的支撐與壓力線相當接近，因此那些傾向保守的市場參與者需要的心理調整不大，所以不必耗時太久。

進入二〇〇六年時，區間整理再度突破，在壓力線「C」和支撐線「C'」之間形成新的支撐與壓力區域。各位請注意，處置效應還在發揮作用，股價「C」線上留下兩個殘壘，迅速回落，這是有人在獲利了結。

我們還會注意到，新的「C'」支撐線和舊的壓力線「B」非常接近，這其實都是五英鎊的整數關卡在發威。

這時候的股價表現可說是非常好囉！從二〇〇三年的三英鎊起漲，到二〇〇六年漲到五・五〇英鎊，上漲三十七％，而且配發股息每年平均達六％，相當不錯。

但是這段多頭走勢在二〇〇六年底到二〇〇七年初開

始逆轉，形成「X、Y、Z」構成的頭肩頂。我們知道在那段時間之後，所有的銀行股都暴跌。價格一下子就跌破所有的支撐區。

駿懋的股價走勢圖，跟其他那些股票一樣，都是投資人追求賺錢快樂、規避虧損痛苦的故事，這裡頭有種種的情緒和認知上的效應與捷徑在發揮作用，都是行為金融學研究的主題。而我們討論到的這些原則，可謂放諸四海而皆準，都具備著普遍適用性。

驚訝與修正

現在換胡蘿蔔和棍子要出現囉。各位要是做得對、賺了錢，那就是爽快的獲利；這就是胡蘿蔔。要是搞錯方向、虧了本，虧損必定很痛苦；這是挨了棍子。

所以市場可說是內建一種自動糾正錯誤的機制。如果你的結果是錯的，你第一次可能會反應不足，第二次又出錯時反應不足的程度會減輕，到第三次又會更輕微，依此類推，到最後你的預期就會慢慢修正到跟市場保持一致。

各位要是一開始就賭對邊，或者是你足夠靈活，既使站錯邊也能即時修正，那麼你就能抓住風險溢價，為自己獲利。所以，身為投資人，我們要能一直掌握事情發生的實況；換句話說，就是要猜對、賭對、站對邊！

你的新位置要是能夠帶來獲利，那麼不管發生什麼，你都會傾向保守，不樂意再更換變動。等到市場再次改變，大家一開始又會再次低估新聞的重要性，做不出足夠的反應而遭致虧損。虧損帶來的痛苦會讓你修正預期，直到跟市場維持一致；你要是賺到錢，保守傾向又會再次作祟，面對市場發生變化再次無法快速回應，所以又蒙受虧損。像這樣的狀況就是一再的反覆重演。

但現實生活中其實還會更有趣，因為我們不但會低估重要性和反應不足，還會反其道而行，也就是高估某些資訊的重要性和反應過度！

我們首先要注意到，**反應不足和反應過度其實都是來自過度自信**。不管我們是太過或不及，我們會那麼做就是因為我們覺得自己是正確的，我們以為自己已經完全掌握事況。

我們對於新聞事件的反應是低估而反應不足，或高估而過度反應，是根據我們的驚訝反應程度。這其實又跟整個環境因素有關，包括新聞發生的整個背景脈絡、當時周遭發生什麼事，還有我們的腎上腺素和神經反應。

所以要說我們會出現什麼反應，其實是很難說得清楚，市場對於同一種新聞的反應甚至也常常會不一樣。不過我們還是會發現，有些新聞的確是比較引人矚目、會吸引大

家的注意。

比方說，有很多投資人對分析師的建議反應不足。也有很多投資人對於財報數字因會計法則改變而做出的修正反應不足，例如某些獲利項目的註銷（像是「商譽」）。而另一方面，就我的經驗來看，投資人對新股上市（IPO）又常常反應過度。

投資過程

圖 9.9 描述投資人的典型投資過程可能在市場上發生的各種狀況，在這個例子中投資人認為目前的上升趨勢將會持續下去。當然這是典型化的描述，現實世界中的許多動態都已省略，但這樣可以幫助說明整個過程：

圖 9.9　趨勢追隨者的投資過程

投資人想賺錢或避免虧損

投資人對市場有了看法，

例如，透過市場分析（基本分析），

尋求意見（可得性偏誤），

觀察股價趨勢和指標（技術分析），

觀察市場最近的表現（近因偏誤），

尋找某些企業帶來的啟示（代表性偏誤）。

根據情緒、經濟因素和價格活動做考慮（SEP），

投資人對資產價格有了確定看法。

這個價格比目前市價還高，

所以投資人預期目前的上升趨勢會持續下去。

投資人錨定自己的看法

投資人對於當前研究覺得勝算頗大。

他認為自己已經把市場研究得很透澈（控制錯覺）

希望可以維持現狀，

而且傾向保守。

投資人自己很有信心，認為當前趨勢必將持續下去

（趨勢追隨者），

並利用他最近獲得的知識，在市場中找到獲利的位置。

自我稟賦偏誤發揮作用。

投資人賺到錢或賠了錢。

成功讓他太過自信。

失敗讓他灰心喪志，可能高估新聞的重要性。

也許他還死抱著原先的觀點，準備一直抱到夢醒時分，

所以低估了這個新聞。

投資人還想繼續賺錢或避免虧損。

心理帳戶可能讓他騙了自己。

投資人調整錨定點。

投資人賺了錢或賠了錢。

投資人可能再次成功或失敗。

低估或高估的心態又導致

反應不足或反應過度的歷程。

投資人想繼續賺錢或避免虧損。

投資人調整錨定點。

這樣的過程反覆進行

市場持續波動。

投資人反應過度或反應不足，

投資人獲利和虧損。

行為模型

價格趨勢分析和支撐與壓力，廣受各方愛用，不管是場內交易員、當日沖銷跑短線、期貨商品交易員、股票交易員，也不管是短、中、長期投資操作均可適用。這些技巧都是提升交易勝算的基礎，在熟練投資人手上都可以創造有利機會。因此我在這裡要討論這兩種價格模式的行為金融動態。

要在現有已知的狀況下，解釋個別投資人或投資群體的心路歷程，不得不包含大量的主觀臆測，不過要是透過行為金融學的諸多概念，我們還是可以準確的解釋市場中發生什麼事。

我們等一下會在第十章談到，現在大家不停的研究行為金融學諸多概念，有許多新的發現，有許多的假設暫時獲得驗證或否定，這些都要好好的整合到技術分析裡頭，才能提升我們對於市場的理解。這些新發現讓我們可以更完善的結合行為金融學與技術分析，到最後整套行為技術分析的預測價值才能更加提升。而現在這個階段，這樣的整合才剛剛開始而已。

我們的目標是要提高勝算，因此行為金融學的主要作用之一，就是先發現整套技術分析的基礎，我們才能靠技

術分析找到更多勝算高的交易。而這樣的整合方法，就是我說的行為技術分析。

分析師在研究股價型態時，常用行為金融的概念來說明和解釋。例如有許多研究顯示，股價在中期時段（三至十二個月不等）通常可以維持強勢，而整段行情的反轉通常是在長期的範圍；這意思是說，在中期時間幅度內，股價會繼續原先走勢，而反轉變成原先走勢的逆向，通常是在一年以後。這些研究——以捷嘉迪斯（Jegadeesh）和泰特曼（Titman）為例——說的是買進上漲股、賣出下跌股票的狀況。也有些人——喬治（George）和黃群仰（Chuan-Yang Hwang）——研究股價接近五十二周（即一年期）最高點的情況。白新燦（Seung-Chan Park）針對五十日及兩百日移動平均線的變化進行研究。

在解釋說明這三種方法選出的股票都同樣表現出中期強勢和長期反轉的特徵，研究學者也都大量運用行為金融概念。其中包括過度自信、保守傾向、錨定效應、反應過度和反應不足。白新燦論文對研究結果的總結，針對行為金融的活動狀況做了詳細描述。

如今這個領域的整合頗有進展，更顯示出技術分析與行為金融在實務上相互結合的巨大潛力。

分析市場

我們在分析市場的時候，要牢記投資人可以分成三類。
各位要問自己這些問題：

- 現在的趨勢是什麼？
- 趨勢追隨者和逆向操作者想的是什麼？
- 趨勢追隨者和逆向操作者預期會發生什麼？
- 這些預期是否符合基本面的條件？
- 這些預期是否已經廣泛流傳？
- 趨勢追隨者和逆向操作者可能遇到的最好和最壞狀況是什麼？
- 是否還有新資金進場？
- 價量關係是跟著同步放大或背離？
- 比方說，股市一周來是上漲趨勢，但今天的成交量是造成價漲或價跌[39]？
- 大多數還沒進場的投資人有什麼想法或感受？他們是否抱著大量現金還在觀望，或者已經躍躍欲試等待進場？

---

39. 各位可以拿上漲股票的成交量與整個市場總成交量做比較。

．類似市場是否有任何暗示，跟本地市場的三類投資人狀況有關？

類似這些問題可以幫助我們了解市場正在發生的狀況，協助收集相關的統計數據。每個問題都會再提出其他問題，全部綜合起來就可以幫助我們對市場實況有了理性認知和想法。

因此重要的是，永遠要試著去了解市場的參與狀況，是有許多人已經都進場了，或者還有很多人在場邊觀望。要做這樣的觀察並不容易，也很難準確完成。

研究學者也常常做調查，看看哪些投資人是多頭、空頭或還沒決定。**據我所知，沒人用過我之前提到的市場矩陣九宮格來做調查，但是這些統計數字還是可以幫助我們了解當時的市場結構。**

證券交易所會公布新高、新低資料，上漲和下跌家數，股價突破特定移動平均線達一定比例的股票，還有成交量等交易資訊。還有很多期貨和選擇權交易所、主管機關也都會發布很多即時的詳細資料，諸如未平倉合約的變化、各種不同的參與者持有多倉和空倉，還有買權與賣權的數量。這些統計數字都很有用。

我也會運用「MTP」架構來分析投資方案，並以此規

範交易紀律。根據「MTP」架構列出每筆交易的主要組成部分，像是比照「附錄三」清單所提供的內容，我們就會知道從何處開始，也能掌握隨著時間不同所帶來的變化[40]。

從「MTP」架構再連接到三種類型的投資人，因為市場就是由這三種投資人構成的，而市場不僅決定了勝算機率，通常也會決定我們應該設定的時間架構。「MTP」架構也跟資金有關係，因為各類資源的交易方式不同，各個市場也會呈現不同的統計特徵[41]。

主要觀察

要幫助我們進行交易，以下是本章觀察的主要重點：

① **任何市場都可以被視為由已經進入市場或還在觀望的三類投資人組成**：趨勢追隨者、逆勢操作者及未決定者。這些條件構成市場矩陣。投資人根據資金、時間及機率（MTP）的決策以追求獲利。

② **資產價格由情緒、經濟因素與價格活動（SEP）決定**。

---

40. 變化和靈活度對投資非常重要。我們的目標是要賺錢，不是一開始就要猜對。
41. 例如有些交易系統適合外匯或期貨商品，但不適用於股票；反之亦然。

③ 趨勢一旦出現時，未決定者及逆勢操作者越多，這個趨勢的潛力就越大，因為還有很多新血尚未投入（所以初期大家看法分歧是好現象）。可想而知的是，要是趨勢才剛開始就馬上獲得大家的認同，這個趨勢恐怕前景堪慮（大家看法一致反而是壞消息）。

④ 市場交易熱絡會鼓勵觀望的投資人進場，偏向看多（上漲趨勢）；可想而知的是，交投清淡會讓投資人紛紛離場觀望，偏向看空（下跌趨勢）。

⑤ 挑選特定的時間段落可以呈現趨勢，即我所謂的「特殊時點架構」。這種特殊時間段落通常會錨定在一個重要的轉折點上。如果不刻意選定時間段落，通常會採用日曆年度當做時間範圍。選定的時間段落對於趨勢可能發揮助力或阻力。

⑥ 趨勢是在一連串的支撐與壓力型態中逐步推進，這些價格型態包含著極端價位和逆轉。

⑦ 不管從什麼時間段落來看，趨勢都會出現極端價位。而所有的極端價位都會帶來逆轉，但並非逆轉就會造成新趨勢。

重要概念

- 價格由情緒、經濟因素和價格活動（SEP）三因素組成
- 市場由趨勢追隨者、逆勢操作者、未決定者所構成
- 透過市場矩陣可觀察趨勢發展
- 交易三要素（投資決策三大成分）：資金、時間和機率（「MTP」架構）
- 趨勢
- 極端價位與逆轉
- 支撐與壓力
- 特殊時點架構
- 行為技術分析
- 反應不足與反應過度

CHAPTER 10

技術分析
新境界

「智慧不是外來的，而是要你自己親身經歷那無人可以
取代也無可推卸的人生旅程，才能從中領悟。」

——法國小說家普魯斯特（Marcel Proust）

　　全書總結的最後一章要探討理解經濟能量的方法，才
能讓我們做出更好的投資決策：基本分析、技術分析和計
量分析。

　　在漫長的歷史中，各個世代的投資人擔心的事情其實
大概都差不多。我們現在的研究學者所努力鑽研的問題，
也是道氏理論創始者之一的羅伯特・瑞亞（Robert Rhea）
的主要關注點之一，他早在七十年前就寫過。

　　把行為金融學和技術分析相結合，再加上實證及統計

數據，我們就有可能在投資方面跨出重大的一步。這就是行為技術分析的主要目標。

基本分析、技術分析和計量金融

其實投資在某種程度上，可以說是經濟能量的管理。跟物理能量可以用於創造和儲存、為運動和光亮提供動力與能源一樣，經濟也可以說是創造能量，讓企業家可以藉以建立財富、讓我們可以工作，並且創造出信用，資金會在不同的資產之間流動轉移。而資產價格就隨著經濟能量的變化而改變。

如其名稱所示，基本分析是觀察經濟基本面的各種基礎因素，研究經濟如何建立與創造能量。分析師要檢測經濟體和涵納其中的諸多企業，針對它們的經營發展、業務前景、未來獲利，綜合考量這些發展對於企業股價的影響，合理判斷未來走勢。

某個資產的獲利，可能要累積好幾年才能為資產價格的變動蓄積動力，這時候就需要靠技術分析來判斷。技術分析研究價格的實際變動狀況，然後從中找出可能的走向。我們要觀察價格活動的趨勢型態，同時也要掌握各種不同角度衡量價格變動的多樣指標。

計量金融（Quantitative finance）可以說是市場現象的

統計分析，也就是把外表呈現的狀況進行模型化處理。這是一種很有用的方法。計量金融不研究價格變化的型態，而是價格變動在統計上如何分配；然後把這些資訊建構成可以解釋市場狀況的模型。我們觀察到的各種市場現象、鄉野傳聞[42] 和行為金融學偏誤等，都可以用最科學的方式來進行檢測。

現代金融三大支柱

基本分析、技術分析和計量分析三門學科，就是現代金融學的三大支柱。

把行為金融導入現代金融，觀察市場參與者如何做決策，更能深入理解市場產生變化的原因。也才能更有意義的解讀市場諸多表現。

經濟發展基本面仍是較長期表現的決定因素，要是不了解基本面狀況，我們還是很難理解較長期投資要如何決策。

但更重要的是，這些基本面經濟力量在資產價格變動中的表現，也就是技術分析和計量分析所研究的資訊，都是來自市場構成的基本分子——我們人類——如何做出財

---

42. 例如「五月賣出，米迦勒節（九月底）回補」。

務決策。

　　行為金融學與資產價格變動表現形式的整合，以及根據科學方法進行的客觀測試，都會帶來大量研究，而我們對於金融的理解也大部分為之改變。

圖 10.1　行為技術分析

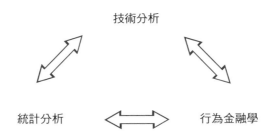

　　行為技術分析運用行為金融的觀察和統計分析，揭露技術分析的驅動力，是為了創造高勝算的有效交易。

　　我本來是做基本分析的，但在讀了行為金融學之後開始研究技術分析，因為我發現到，如果市場是由參與者在推動，那麼我們就要先研究投資人在市場上的行為，而技術分析上的股價趨勢型態就是它的表現。

　　值得注意的是，這種投資方法多年來也給技術分析派的學生帶來同樣的挑戰。在我正對本書進行研究的過程中，

曾碰到以下兩個例子。

請各位比較一下兩段摘文，重點部分用*斜體字*表示：

第一段是從李察·羅素（Richard Russell）著作《今日的道氏理論》（*The Dow Theory Today*）第八頁[43]。這一段是羅素在一九五八年寫的市場快訊，其中引述羅伯特·瑞亞的話說：

還是瑞亞*說的*：「最後階段有時候是看得出來的，因為*有人買股票只是因為它正在上漲，也有人是跟隨別人買進。說到盈餘或前景反而覺得是那些都太老派，都已經過時。*」

現在，距離瑞亞的時代已經快七十年，而羅素寫這篇快訊也過了五十年了。

第二段是摘自一篇論文的摘要和導言：柯林特拉奇斯（Kallinterakis）和萊特·法瑞拉（Leite Ferreira）發表的〈葡萄牙證券交易所的群聚效應正向回饋交易：探索性調查〉

---

43. 道氏理論一度大為流行現在又已退燒，羅伯·艾德華和約翰·麥吉曾說它是「所有市場技術分析派的祖師爺」。這個方法主要是一種趨勢辨識系統。羅素到現在還在寫「道氏理論快訊」，他的著作就是結集快訊編輯成冊。

（Herding and Positive Feedback Trading in the Portuguese Stock Exchange: An Exploratory Investigation）：

我們的研究是要解決（投資人信念與行動）趨於一致的兩個方面，即正向回饋交易（「追隨趨勢」）和群聚效應。根據葡萄牙「PSI －二十」市場指數的資料顯示，市場方向「確定」時群聚效應上升，而且在市場震盪期間呈現下降趨勢。結果顯示群聚和正向回饋交易對指數都很重要，這兩者在一九九六年至一九九九年期間似乎都大幅上升。而這跟葡萄牙股市在一九九○年代下半期的「多空消長」相吻合。

以下也是從導言摘出，解釋那些專有名詞：

正向回饋交易（positive feedback trading）是追隨過去價格型態的交易模式〔狄龍、史列佛、桑莫斯及華德曼，一九九○年（De Long, Shleifer, Summers and Waldman, 1990）〕。另外，群聚效應是集體行為現象，指我們會模仿其他人的決策〔迪維諾和威爾許，一九九六年（Devenow and Welch, 1996）〕。正向回饋交易者會朝向歷史價位指示的方向交易，而受到群聚效應影響的投資人則是跟著別人

來行動。

我特別摘出這兩段來做比較，首先是要指出，幾十年來交易者所關注的焦點是多麼類似；其次是剛好拿它們做個例子，說明現代的股市研究，尤其是在行為金融方面，都在努力清查和闡釋過去那些來自交易者實證經驗的概念。這些都可以幫助我們提升投資決策的品質。

系統整合

各位在分析任何市場中的價格活動時，一定要牢記本書第一部分討論的行為金融學六大概念，還有第九章談到的方法。

為了大家使用上的方便，我會把本書介紹過的，包括認知及情緒等性質的各種偏誤和認知捷徑匯整成一張表。各位可以在「附錄二」找到這份清單。當我們要解讀市場運動時，這張表就能派上用場，檢視哪些概念在什麼時候發揮作用。我們就能把握住，投資人在某些時候為何會那麼做、他們在短期內又會有什麼反應。

各位請記住，**股價**並不是靠理性機器人分析經濟數據就能決定，而**是由我們人類在認知到那些價格的變化，又受到情緒背景的主導**，在這種種條件下衡量那些經濟數據

的功過曲直，也難怪常常充滿了矛盾和衝突。而這些條件都被「SEP」因素集合捕捉到了。

「SEP」因素集合中包含著反映情緒的強烈情感因素，還有投資人對價格變動的反應。這就是行為技術分析與傳統金融的不同之處，在某種程度上甚至也有別於著重在價格活動上的傳統技術分析。各位在推斷市場價格如何達到時，一定要牢記「SEP」因素集合。

高勝算交易

「資金－時間－機率」（MTP）架構顯示，任何交易都必須先分析這三個重要的組成部分。我們特別必須確定可以找到高勝算交易，也就是統計上對我們最有利的交易，不能依靠含糊不清的預測或毫無根據報明牌。

我們找到的勝算高低，通常也會決定我們可以運用的資金和時間範圍，這三者是相互依存、互相影響的。

很多人都以為高勝算交易一定是報酬率低，因為大家都相信只有承擔高風險才能獲得高報酬；但報酬未必會跟風險成正比，雖然經濟學大多做此假設。比方說，並不是因為你跳進來做股票，就一定會比投資債券還好。同樣的，也不要以為非流動性投資的報酬，就必定比流動性投資還高。並不是把資金鎖定在某些固定資產上，就能獲得更高

報酬。各位面對每筆交易，都要透過「MTP」架構加以過濾。

我們在研究市場時，一定要注意市場矩陣中顯示市場結構的資料。我發現運用市場矩陣做架構，來判斷統計數據、名嘴評論和市場行為都非常有用。我們在第九章已經介紹過，市場矩陣完全符合行為金融學的各種概念。

而市場矩陣也能反過來說明，我認為是高勝算交易的三個主要來源：趨勢、極端價格、支撐與壓力。

比方說，投資人可以從第九章的三種價格趨勢型態其中的一種，或者是你認為對己有利的任何型態開始，從那裡出發深入市場。

例如，各位要是有興趣進一步鑽研我在前一章討論的趨勢、支撐與壓力型態，你可以先閱讀有關這兩種價格型態的書籍，再查看相關主題的金融研究。布洛克、雷康尼夏和勒巴隆（Brock, Lakonishok and LeBaron）的論文〈簡單技術交易規則和股票報酬的隨機性質〉（Simple Technical Trading Rules and the Stochastic Properties of Stock Returns）就是很好的開始，這篇論文刊載於一九九二年的《金融雜誌》（*The Journal of Finance*），根據趨勢與價格突破支撐與壓力等條件，測試了多種交易方法。研讀過布洛克等人的論文之後，各位就會開始有一些自己可以深入研究和調整改善的基礎，也請大家一定要自己做測試和驗證；各位

在深入研究相關文獻時，必定會發現我這本書可以幫助你理解價格型態背後的行為意義。

替代交易系統與策略

在投入時間與精力之前，要先評估替代交易策略和系統的勝算。這時候，交易環境的經驗和交易訓練就非常有用，可以為交易新手指出正確方向。而我們最後會選定哪一種交易系統，很大一部分是跟個性有關。

例如，我對技術分析和行為金融學的研究，讓我能夠同時整合趨勢追蹤法和逆勢操作法，把兩套系統結合起來，再根據市場狀況來將它們運用在各種投資工具上。但我還是不斷的鑽研，測試各種跟系統有關的想法，才能不斷提升和改善。

投資人可以把選定系統的不同元素放進「MTP」架構內來檢視，才能更深入理解系統。各位若想在投資經典及教科書上找到自己想要運用的價格型態，一定要研讀行為金融學文獻來解讀這些型態，蒐羅學術研究、整理可用工具，在這個架構下去分析三大類投資人的典型行為，同時先做紙上模擬才進行小額操作，在市場上實際檢驗自己選定的系統。

執著的深入研究特定方法或價格型態，累積運用經驗、

經常進行評估，一邊採用新的研究成果和工具、一邊吸收調整，如此深入鑽研的方式通常會比你跳來跳去的一直換方法來得好。

各位讀者如果已經更深入的理解行為金融學的廣泛影響，也知道它能在「MTP」架構下與技術分析相結合，提升我們的投資獲利，那麼我這本書也就達成它的目的。

重要概念

- 經濟能量
- 基本分析、技術分析和計量分析
- 行為技術分析

附錄

Appendix

理性經濟人

　　經濟學家在建立模型時，對於經濟主體會做許多假設。

　　長期以來，經濟學大多以人類理性做為基本假設，對於商品及服務無所不知，也擁有無限的即時計算能力。在展開經濟行動時，我們人類會以最有效的方式達成目標，把相關成本壓到最低。所謂的「理性經濟人」（REM；homo economicus）說的就是這些特質。

　　理性經濟人是處理「效用」的專家。「效用」就是效用理論的衡量單位，經濟學家用來衡量我們獲得的享受或滿足。經濟學家所關注的，通常在於效用的變化，而不是我們在某時某刻擁有的效用數量。

　　比方說，我現在口袋裡有一張二十美元鈔票，但我正餓著肚子。要是我看到一個三明治賣三美元，我可能會想買一個來吃，也會獲得一些效用，但我同時必須犧牲掉那三美元可能帶來的別的效用。但總而言之，我吃完三明治以後，會覺得更快樂。但另一個人寧願挨餓也不想花錢，

很可能不管自己肚子有多餓也要保留那張二十美元鈔票。雖然他放棄食物，但還是覺得這樣會更開心更滿意。

我們會說，理性經濟人想做到的就是讓邊際效用達到極大化。所謂的「邊際效用」是指商品或勞務每單位增減所帶來的效用變量。簡單來說，就是與上次交易比較，顯示出效用的增加或減少。在我們剛剛舉的例子中，最小的單位交易就是買一個三明治。我不能買半個三明治。而我想做到的，就是在這次交易中獲得最大的效用。但那些不願花錢、不買三明治的人，也是想要獲得他們的最大效用。所以不管是他們還是我，「理性經濟人」想做到的就是從每次交易中獲得最大效用。

效用理論

效用理論當然也不只是指金錢的效用而已。「錢」是方便的媒介，它可以兌換大多數東西、容易攜帶，而且也可以分成很小的部分。但這套效用理論在任何其他商品之間也都適用；比方說，大家都知道的拖拉機和飛彈，或是蘋果與橘子做比較。

對於不同商品與服務的效用，經濟學上都有許多有趣的討論。比方說，為什麼水這麼重要卻很便宜，而鑽石這麼昂貴卻一點用處也沒有。根據邊際效用的說法，有些地

方水資源豐富，多一公升或少一公升也不會影響大局，但找到一顆鑽石或丟掉一顆鑽石可是大事一件[44]。邊際效用理論並不考慮全世界有多少水可以用或有多少顆鑽石，而是著重在特定個人、在特定狀況下，碰上細微變化時造成的效用變量。

此外，從效率面而非道德面來看，理性經濟人確實是合理的（以最低成本獲得最大價值）。經濟學家之所以認定經濟主體為理性，不是因為他們知道長期上對自己或對全人類怎樣才最好，而是指經濟主體知道在交易時如何達成最大效用。

> **亞當・斯密（Adam Smith）是政治經濟學的先驅，他如此描述理性經濟人：**
>
> 「我們期待的晚餐，並不是來自肉販、酒商或麵包師傅慷慨仁慈，而是因為他們也想謀求自己的利益。我們都會把自己的事情處理妥當，不是為了全人類，而是出於自利自愛，所以不必跟他們說我們需要什麼，他們只想到自己會得到什麼好處。」
>
> ——《國富論》（*The Wealth of Nations*）

---

44. 採用不同方法的經濟學家認為，相對稀缺性和生產成本是造成價格差異的原因。

當然，我們決定採取特定行動時，常常無法確定到底會發生什麼狀況。所以我們經常是在不確定狀況下採取行動。如果是要玩丟硬幣的遊戲，我知道我的輸贏機會是各占一半。如果我丟硬幣既可能贏一百塊錢、也可能輸掉一百塊錢，那麼理論上我可以預期贏到多少錢呢？答案當然是「零」。

- 我贏的機率是五十％。
  如果贏了，可以獲得一百元，我們以「正一百元」表示。
- 我輸掉的機率也是五十％。
  如果輸了就要付出一百元，以「負一百元」表示。
- 因此，我的期望值是：
  （正一百元的五十％）＋（負一百元的五十％）＝五十元－五十元＝零。

「預期效用」即是以預期效用乘上這些結果的機率，然後找出加權平均值。

現在假設要玩另一種遊戲：我有三十％的機會贏得一百元，五十％機會贏二百元，二十％機會輸掉六百元。請問我的期望值是多少？

（正一百元的三十％）＋（正二百元的五十％）＋（負六百元的二十％）

也就是：

（三十元）＋（一百元）＋（負一百二十元）＝十元

所以我的預期效用是十元。理性經濟人會玩這個遊戲，因為有十元的潛在獲利。

當然我在舉例時也做出許多假設。我假設遊戲的莊家在我贏的時候確實會付我一百元或兩百元。我也假設要是我輸了，我會支付六百元。我還假設以上所說的機率都已經驗證無誤，相關金額與之對應的機率確實是三十％、五十％和二十％。但我們在生活上碰上的各種狀況，通常是機率和收益都不確定，因此要做出適當的決策也就更加困難。比方說，我們想要開展新事業，你不知道收益會有多少（如果真的有的話），也不知道那些收益的可能性有多高、需要花費多少時間。不確定性越高，決策就越困難。

此外，對於各種結果的機率估算常常是主觀的。悲觀派也許覺得勝算很小，而樂觀派則是常常高估。

但就算機率是客觀估算出來、也很確定，我是否決定要玩這個遊戲也會受到我對風險態度的影響。我為了贏到十塊錢的機會，願意冒二十％的風險輸掉六百元嗎？這個說來很簡單的問題，正是行為金融學的主要支柱之一。

偏誤列表

偏誤列表

類型	偏誤
情緒偏誤	模糊厭惡
	確定效應
	保守傾向
	處置效應
	稟賦效應
	虧損厭惡
	樂觀與悲觀
	後悔厭惡
	自我控制
	維持現狀
	反應不足／反應過度

類型	偏誤
認知偏誤	錨定與調整
	可得性
	改變／現狀
	認知失調
	確認偏誤
	架構偏誤
	出現頻率／發生機率
	賭徒謬誤
	後見之明
	控制錯覺
	隔離效應
	心理帳戶
	過度自信
	近因偏誤
	代表性偏誤
	忽視樣本大小
	選擇性認知
	自我歸因偏誤

類型	偏誤
捷徑（捷思法）	連結謬誤
	交易噪音
	刻板印象

APPENDIX 3

「MTP」清單

「MTP」清單

資金

- 我目前可以動用的錢是什麼？

- 我還可以投入哪些投資？

- 這筆交易可以投入多少錢做冒險？

- 可以融資貸款嗎？融資成本與條件為何？

- 我想買進的資產是屬於什麼性質？

- 通貨膨脹或緊縮對該項資產影響為何？

- 我目前或未來投資的流動性有多高？

時間

- 我的投資期限有多長？

- 我可以在場外觀望多久？

- 有足夠時間讓糟糕的短期投資變成優秀的長期投資嗎？

- 我的貸款及其他投資的時間條件為何？
- 整體交易狀況會增加或減少時間方面的靈活度嗎？

機率

- 這次交易是由哪些力量在推動價格，讓我能夠從中獲利？
- 有哪些狀況可能會出問題？
- 市場先生又為何賣出？
- 市場先生是否低估現金流量或誇大貼現率？
- 這筆交易成功的勝算有多高？
- 投資結構是否提升或妨礙我的勝算？
- 在我的時間條件下，勝算是否有足夠時間發揮作用？

致謝

這本書得到許多人直接或間接的幫忙，如果要全部列出，各位讀者大概會覺得很無聊（可能也覺得沒意義）。但是對我的個人，在生活和這本書的出版上，有幾位家人和工作夥伴尤其重要，是我要在此特別感謝的。

首先是我的父母，約瑟夫和寶琳，以及我的外公外婆保羅和瑪麗·格蕾絲·薩姆特，我無限感激他們給予我的愛，成為我最佳的好榜樣，一再鼓勵我鑽研求知精益求精。

感謝我的妻子珍妮佛，總是給我鼓勵和熱情，而且永遠把我們一家打理得四平八穩。

感謝 Harriman House 出版社編輯史蒂芬·艾特克（Stephen Eckett），數個月來的耐心和支援，讓我在寫作過程中時時以讀者為先，不光是為自己而寫，圖一時之快也。

最後要感謝各位讀者選擇這本書。跟我在撰寫過程中領略到的喜悅一樣，希望各位讀者在閱讀中也都會喜歡。

大家如果有任何批評和建議，懇請不吝指教：
email@paulvazzopardi.com。

另我為本書設立網站「www.behaviouraltechnicalanalysis.
com」，提供一些參考資料的相關鏈接及不定期貼文。

　　　　　　　　　　　　　　　　　　保羅・亞佐巴帝

　　　　　　　　　　　　　　　　　　加拿大安大略省

國家圖書館出版品預行編目（CIP）資料

第四類投資模式：行為技術分析，從人性與金融市場
的互動與碰撞，洞察獲利勝機 / 保羅‧亞佐巴帝（Paul
V.Azzopardi）著；陳重亨譯 . -- 初版 . -- 臺北市：樂金文
化出版：方言文化發行，2019.11
288 面；14.8×21 公分
譯自：Behavioural technical analysis : an introduction to
behavioural finance and its role in technical analysis
ISBN 978-986-98151-2-3（平裝）

1. 投資心理學　2. 投資技術　3. 投資分析

563.5014　　　　　　　　　　　　　　　　108017008

第四類投資模式

行為技術分析，從人性與金融市場的互動與碰撞，
洞察獲利勝機

Behavioural Technical Analysis：An introduction to behavioural finance and its role in
technical analysis

作　　者◎ 保羅·亞佐巴帝（Paul V. Azzopardi）
譯　　者◎ 陳重亨
總 編 輯◎ 陳雅如
業 務 部◎ 古振興、葉兆軒、林子文
行 銷 部◎ 徐緯程
管 理 部◎ 蘇心怡
封面設計◎ Bert Design
內頁設計◎ 綠貝殼資訊有限公司
出版製作◎ 樂金文化
發　　行◎ 方言文化出版事業有限公司
劃撥帳號◎ 50041064
通訊地址◎ 10045 台北市中正區武昌街一段 1-2 號 9 樓
電　　話◎ (02)2370-2798
傳　　真◎ (02)2370-2766
定　　價◎ 380 元
港幣定價◎ 127 元
初版一刷◎ 2019 年 11 月

Behavioural Technical Analysis：An introduction to behavioural finance and its role in technical analysis
by Paul V. Azzopardi
Originally published in the UK by Harriman House Ltd in 2010, www.harriman-house.com.
Complex Chinese language edition published in arrangement with Harriman House Ltd through Beijing
Tongzhou Culture Co., Ltd.